人工智能与智能教育丛书　　袁振国/主编

郑蝉金　汪　腾　著

COMPUTERIZED ADAPTIVE TESTING

计算机化自适应测验

教育科学出版社
·北京·

出 版 人　李　东
责任编辑　方檀香
版式设计　私书坊　沈晓萌
责任校对　白　媛
责任印制　叶小峰

图书在版编目（CIP）数据

计算机化自适应测验/郑蝉金，汪腾著.—北京：
教育科学出版社，2021.11
（人工智能与智能教育丛书）
ISBN 978-7-5191-2765-7

Ⅰ.①计… Ⅱ.①郑…②汪… Ⅲ.①计算机应用—
心理测量学—研究 Ⅳ.①B841.7-39

中国版本图书馆CIP数据核字（2021）第216511号

人工智能与智能教育丛书
计算机化自适应测验
JISUANJIHUA ZISHIYING CEYAN

出版发行	教育科学出版社		
社　　址	北京·朝阳区安慧北里安园甲9号	邮　　编	100101
总编室电话	010-64981290	编辑部电话	010-64981252
出版部电话	010-64989487	市场部电话	010-64989009
传　　真	010-64891796	网　　址	http://www.esph.com.cn
经　　销	各地新华书店		
制　　作	北京思瑞博企业策划有限公司		
印　　刷	北京联合互通彩色印刷有限公司		
开　　本	720毫米×1020毫米 1/16	版　　次	2021年11月第1版
印　　张	8.75	印　　次	2021年11月第1次印刷
字　　数	77千	定　　价	59.00元

图书出现印装质量问题，本社负责调换。

丛书序言

人类已经进入智能时代。以互联网、大数据、云计算、区块链特别是人工智能为代表的新技术、新方法，正深刻改变着人类的生产方式、通信方式、交往方式和生活方式，也深刻改变着人类的教育方式、学习方式。

人类第三次教育大变革即将到来

3000年前，学校诞生，这是人类第一次教育大变革。人类开启了有目的、有计划、有组织的文明传递历史进程，知识被有效地组织起来，文明进程大大提速。但能够接受学校教育的人数在很长时间里只占总人口数的几百分之一甚至几千分之一，古代学校教育是极为小众的精英教育。

300年前，工业革命到来。工业化生产向每个进入社会生产过程的人提出了掌握现代科学知识的要求，也为提供这种知识的教育创造了条件，这导致以班级授课制为基础的现代教育制度诞生。这是人类第二次教育大变革。班级授课制极大地提高了教育效率，使得大规模、大众化教育得以实现。但是，这种教育也让人类付出了沉重的代价，人类教育从此走上了标准化、统一化、单一化道路，答案标准、节奏统一、内容单一，极大地限制了人的个性化和自由性发展。尽管几百年来人们进行了各种努力，力图通过学分制、选修制、弹性授课制等多种方式缓解和抵消标准化班级授课制带来的弊端，但总的说来只是杯水车薪，收效甚微。

今天，网络化、数字化特别是智能化，为实现大规模个性化教育提供了可能，为人类第三次教育大变革创造了条件。

人工智能助力实现教育个性化的关键是智适应学习技术，它通过构建揭示学科知识内在关系的知识图谱，测量和诊断学习者的已有水平，跟踪学习者的学习过程，收集和分析学习者的学习数据，形成个性化的学习画像，为学习者提供个性化的学习方案，推送最合适的学习资源和学习路径。在反复测量、推送、跟踪学习、反馈的过程中，把握学习者的最近发展区①，为每个人提供最适合的学习内容和学习方式，激发学习者的学习兴趣和学习热情，使学习者获得成就感、增强自信心。

智能教育将是未来十年人工智能发展的"风口"

人工智能正在加速发展。从人工智能概念的提出，到

---

① 最近发展区理论是由苏联教育家维果茨基（Lev Vygotsky）提出的儿童教育发展观。他认为学生的发展有两种水平：一种是学生的现有水平，指独立活动时所能达到的解决问题的水平；另一种是学生可能的发展水平，也就是通过教学所获得的潜力。两者之间的差异就是最近发展区。教学应着眼于学生的最近发展区，为学生提供带有难度的内容，调动学生的积极性，使其发挥潜能，超越最近发展区而达到下一发展阶段的水平。

人工智能的大规模运用，花费了50年的时间。而从深蓝（Deep Blue）到阿尔法狗（AlphaGo），再到阿尔法虎（AlphaFold），人工智能实现三步跨越只用了22年时间。

1997年5月，IBM的电脑深蓝在一场著名的人机对弈中首次击败了国际象棋大师加里·卡斯帕罗夫（Garry Kasparov），证明了人工智能在某些情况下有不弱于人脑的表现。深蓝的主要工作原理是用穷举法，列举所有可能的象棋走法，并利用为加速搜索过程专门设计的"象棋芯片"，采用并行搜索策略进一步加速，在搜索广度和速度上战胜了人类。

2016年3月，谷歌机器人阿尔法狗第一次击败职业围棋高手李世石。阿尔法狗的主要工作原理是"深度学习"。深度学习（deep learning）是一种复杂的机器学习算法，它试图模仿人脑的神经网络建立一个类似的学习策略，进行多层的人工神经网络和网络参数的训练。上一层神经网络会把大量矩阵数字作为输入，通过非线性加权和激活函数运算，输出另一个数据集合，该集合作为下一层神经网络的输入，反复迭代构成一个"深度"的神经网络结构。深度学习本质上是通过大数据训练出来的智能，其最终目标是让机器能够像人一样具有分析学习能力，能够识别文字、图像和声音等数据。

2019年谷歌的阿尔法虎可以仅根据基因"代码"来预测生成蛋白质3D形状。蛋白质是生命存在的基础，和细胞组成内容息息相关。蛋白质的功能取决于它的3D结构，通过把基因序列转化为氨基酸序列，绘制出蛋白质最终的形状，是科学家一直在研究和探讨的前沿科学问题。一旦研究得出结果，将帮助我们解开生命的奥秘。阿尔法虎的工作原理是使用数千个已知的蛋白质来训练一个深度神经网络，利用该神经网络来预测未知蛋白质结构的一些关键参数，如氨基酸对之间的距离、连接这些氨基酸的化学键及它们之间的角度等，从而发现蛋白质的3D结构。

深蓝是经典人工智能的一次巅峰表演，通过算法与硬件的最佳结合，将传统人工智能方法发挥到极致；阿尔法狗是新兴的深度学习技术最具成就的一次展示，是人工智能技术的一次质的飞跃；阿尔法虎则是新兴深度学习技术在应用上的一次突破，超乎想象地完成了人难以完成的蛋白质结构学习这个生命科学领域的前沿问题。从深蓝到阿尔法狗用了近20年时间，从阿尔法狗到阿尔法虎只用了3年时间。人工智能技术更新迭代的速度越来越快，人工智能应用场景也从棋类等高级智力游戏向生物医学等科学前沿转变，这将从方方面面影响甚至改变人类生活。随着人工智能从感知智能向认知智能发展，从数据驱动向知识与数据联合驱动跃进，人工智能的可信度、可解释性不断提高，应用的广度和深度无疑将会得到难以想象的拓展。

教育是人工智能应用的最重要和最激动人心的场景之一，正在成为人工智能的下一个"风口"。国家主席习近平向2019年在北京召开的国际人工智能与教育大会所致贺信中指出："中国高度重视人工智能对教育的深刻影响，积极推动人工智能和教育深度融合，促进教育变革创新，充分发挥人工智能优势，加快发展伴随每个人一生的教育、平等面向每个人的教育、适合每个人的教育、更加开放灵活的教育。"同年10月,中国共产党第十九届四中全会通过了《中共中央关于坚持和完善中国特色社会主义制度推进国家治理体系和治理能力现代化若干重大问题的决定》,明确提出在构建服务全民终身学习的教育体系中,应发挥网络教育和人工智能优势,创新教育和学习方式,加快发展面向每个人、适合每个人、更加开放灵活的教育体系。把握历史机遇,抢占人工智能高地,引领人类第三次教育变革,时不我待。

智能教育前景无限、任重道远

人工智能在教育场景的应用,与工业、金融、通信、交通等场景不同,与医疗、司法、娱乐等场景也有显著的不同,它作用的对象是人,是人的思想、感情、人格,因而不仅仅要提高效率、赋能教育,更要关注教育的特殊性,重塑教育。但到目前为止,人工智能在教育中的运用尚停留于教育的传统场景,是以技术为中心,是对现有教育效能的强化,对现有教育效率的提高。至于现有教育效能是否需要强化,现有教育效率是否需要提高,尚缺乏思考,更缺少技术应对。我把目前这种状态称为"人工智能+教育"。而我们更需要的是基于促进人的发展的需要的智能教育,是以人的发展为中心,以遵循教育规律为旨归,它不仅赋能教育,更是重塑教育,是创设新的教育场景,促进教育的变革,促进人的自由的、自主的、有个性的发展,我把它称为"教育+人工智能"。

智适应学习的研究和运用目前也尚处于知识教学的层面,与全面育人的理念和教育功能相差甚远。从知识学习拓展到能力养成、情感价值熏陶,是更大的目标和更大的挑战。研发3D智适应学习系统,即通过知识图谱、认知图谱、情感图谱的整体开发,实现知识、能力、情感态度教育的一体化,提供有温度的智能教育个性化学习服务。促进学习者快学、乐学、会学,促进学习者成长、成功、成才,是"教育+人工智能"的出发点,也是华东师范大学上海智能教育研究院的追求目标。

培养智能素养,实现人机协同

人工智能不仅正进入各行各业,深刻改变所有行业的面貌,而且影响到我们每个人的生活;不仅为智能教育的发展创造了条件,也提出了提高教师运用智能教育技术改进教学方式的能力的要求,提出了提高全民智能素养的要求。关键的一点是学会人机协同。在智能时代,能否人机互动、人机协同,直接关系到一个人的工作效能,关系到学生学习、教师教学的效能和价值,也关系到每个人的生活能力和生活质量。对全体国民来说,提高智能素养,了解人工智能的基本原理、功能和产品使用,就如同工业革命到来以后,了解现代科学的知识一样,已成为每个公民的必备能力和基本素养。为此,我们组织编写了这套"人工智能与智能教育丛书"。

本丛书聚焦人工智能关键技术和方法,及其在教育场景应用的潜在机会与挑战,提出智能教育的未来发展路径。

为了编写这套丛书，我们组建了多学科交叉的研究团队，吸纳了计算机科学、软件工程、数据科学、心理科学、脑科学与教育科学学者共同参与和紧密结合，以人工智能关键技术为牵引，以教育场景应用为落脚点，力图系统解读人工智能关键技术的发展历史、理论基础、技术进展、伦理道德、运用场景等，分析在教育场景中的应用形式和价值。

本丛书定位于高水平科学普及，人人需看；秉持基础性、可靠性、生动性，从读者立场出发，理论联系实际，技术结合场景，力图通俗易懂、生动活泼，通过故事、案例的讲述，深入浅出、图文并茂地讲清原理、技术、应用和前景，希望人人爱看。

组织和参与这样一个跨越多学科的工程，对我们来说还是第一次尝试，由于经验和能力有限，从丛书整体策划到每一分册的写作，一定都存在许多不足甚至错误，诚恳希望读者、专家提出批评和改进建议。我们将不断更新迭代，使之不断完善。

华东师范大学上海智能教育研究院院长　袁振国
2021 年 5 月

目 录

一 计算机化自适应测验的前世今生 _1

自适应测验的缘起 _4

计算机化测验的发展简史 _9

计算机化自适应测验基本知识 _22

二 智能化测验的"熵鞅"之法 _35

熵论与自适应选题算法 _38

原来它只是一场公平的赌博！ _49

三 智能化测验的四个应用场景 _53

不一样的高考：剑桥领思考试系统 _56

个性化学习的引擎：智能化的认知诊断系统 _69

专业人士的守护神：职业资格考试 _80

众里寻他／她：人才选拔测试 _91

四 从自适应到智适应：当计算机化自适应测验遇到人工智能 _101

一切为了学习：智能化测验的未来 _104

游戏化测验：让测验更高级、更有趣 _109

计算心理测量学的崛起 _117

一 计算机化自适应测验的前世今生

今天，现代信息技术几乎触及我们生活的方方面面。从通信、运输到购物、娱乐，计算机和电子设备无处不在，各类新奇的应用软件层出不穷。

心理与教育测量（testing and assessment）领域也不例外。心理与教育测量既包含了每个人都熟悉的语文、数学考试，也涵盖了大多数人并不太了解的心理测验。心理与教育测量涉及升学考试、职业资格评定、人才招聘、临床心理测验等社会生活中的某些重要活动，是人们生活中不可或缺的一部分。随着信息化的发展，测验也从使用印刷的纸质试卷或小册子转移到在线计算机工作站上进行。正如电子书没有完全取代纸质书一样，作为纸笔测验电子化版本的计算机化测验也尚未得到完全普及与应用。但是一大批智能化测验的研究者看到了计算机技术应用于测验领域的巨大潜力与优势，他们长期致力于推动相关技术的应用和发展。此外，一些非营利组织和商业公司也进入这一领域，推动计算机化测验形成了一股巨大潮流。

本书聚焦的话题是计算机化自适应测验(computerized adaptive testing，CAT)，它是在现代化的信息硬件与软件支持下的智能化测验。从100多年前著名心理学家阿尔弗雷德·比奈(Alfred Binet)开发出智力测验量表开始，智能化测验历经了萌芽、发展与沉淀等多个阶段。本书将回顾计算机化自适应测验的前世今生，并介绍它的基本原理、各类应用场景以及未来的发展趋势。十分有趣的是，计算机化自适应测验的发展与计算机各项技术的发展相互交织，可以被视为人工智能各种雏形在心理与教育测量领域应用的典范。

自适应测验的缘起

孔子提出的因材施教的教育理念，是我们千百年来追求的教育理想之一。在测量领域，我们也有类似的理想，就是要实现个性化、定制式的测验。早在计算机科学诞生之前，心理学家就已经把这种自适应的智能化原则运用到了心理测验中。著名的例子是智力测验中的比奈智力测验。早在1905年（请注意，在这个时期心理测验还处于早期发展阶段，传统意义上的标准化纸笔测验仍未诞生），比奈智力量表就很好地体现了根据考生具体能力水平调整考题的自适应原则。在这个量表中，考题根据难度由浅入深排列，以通过题数的多少作为鉴别智力高低的标准，并且据此提出了智力年龄的概念。比奈智力量表很好地体现了上述自适应原则，它的具体实施过程如下。

第一，比奈智力测验有一个标定好的题库。比奈智力测验中的题目按照难度从低到高排列，并且按照不同年龄将题目分成3岁到11岁的多个组别。每个年龄组的儿童解答本年龄组的题目的正确率大约是50%。

第二，比奈智力测验由训练有素的心理学家对考生进行一对一施测，目的是寻找与每个考生最匹配的难度水平（智力年龄）。这个过程很像跳高运动员的比赛过程。

第三，每个考生有不同的考试起点。比奈智力测验开始时，施测的考官需要对考生的能力进行估计，一般是用生理年龄作为预估参考，但是如果有更有效的信息，也可以对预估结果进行调整。

第四，它有一个事先规定好的评分规则。

第五，它有一个决定考生下一道考题的选题机制。比奈智力测验是基于考生先前作答的表现给出下一道考题的。如果一个考生正确回答了某个年龄组中的大部分考题，那么后面的考题就有可能来自一个更高的年龄组；如果考生回答错了大部分考题，那么接下来的考题就可能来自一个略低的年龄组。

第六，它有一个终止规则。比奈智力测验在确定考生的最高水平（ceiling level）与最低水平（basal level）之后，就会停止测验。最高水平指的是考题考生全部回答错误的那个年龄组；最低水平指的是考题考生能够全部回答正确的那个年龄组。这个考生的真实水平就在这两个年龄组之间。

第七，考生的最终成绩由回答正确的考题决定。成绩的具体计算方法是：IQ 成绩是回答正确的考题数量的加权和，权重是年龄组。

图 1-1 是比奈智力测验的图示。考题按照智龄（mental age）分组，每个年龄组内的题目由那些本组考生有 50% 可能性回答正确的问题（心理与教育测量学中称为"项目"）组成。

智龄	项目	项目数量	正确概率
10.5		—	—
最高水平 → 10	51- 52- 53- 54- 55- 56- 57- 58- 59- 60-	10	0.00
9.5	41+ 42+ 43+ 44- 45- 46+ 47- 48- 49- 50-	10	0.40
开始水平 → 9	1+ 2+ 3- 4+ 5+ 6+ 7- 8- 9- 10+	10	0.60
8.5	11+ 12- 13+ 14+ 15+ 16+ 17+ 18+ 19+ 20+	10	0.80
8	21+ 22+ 23+ 24+ 25+ 26+ 27+ 28+ 29+ 30+	10	0.90
最低水平 → 7.5	31+ 32+ 33+ 34+ 35+ 36+ 37+ 38+ 39+ 40+	10	1.00
7		—	—
6.5		—	—
		60	0.617

图 1-1 比奈智力测验施测过程示意图

由图 1-1 可知，考生从 9 岁年龄组的考题开始，正确回答了第 1、2、4、5、6、10 题，错误回答了第 3、7、8、9 题。因为没有全部正确或者错误回答这些问题，因此 9 岁组并不是这个考生的最高或者最低水平组，考试需要继续进行。

此时，考生可以接受更高或者更低一组的考题。考官决定先寻找最低组，因此考生开始回答 8.5 岁组的考题，并正确回答了 80% 的考题；于是考官施测 8 岁组的考题，考生正确回答了 90% 的考题；接着施测 7.5 岁组的考题，考生全部回答正确，因此这个考生的最低水平组被确定，是 7.5 岁组。

用同样的方式，考官继续寻找这名考生的最高水平。考官首先施测了 9.5 岁组的考题，考生回答正确了 40% 的考题；接着考生接受 10 岁组考题的测验，全部回答错误，因此 10 岁组是这名考生的最高水平组。

比奈智力测验施测的例子显示了自适应考试的几个主要特征。

第一，每位考生有不同难度的初始题。理论上来说，比奈智力测验可以根据考官收集的考生信息，从任何一个年龄组的考题开始。在上面的例子中，如果考官从 7.5 岁组到 10 岁组之间的任何一个年龄组开始，考生会接受同样的考题，得到相同的考试结果。如果从这个范围之外的年龄组开始，只会增加一些考题，延长考试时间，但是考试结果不受影响。例如，如果考试从 7 岁组开始，考生应该会答对所有的问题，考官多找出一个最低水平组。同样，如果从 10.5 岁组开始，考官会多找出一个最高水平组，因为这个年龄组的考题比 10 岁组的考题要难。

第二，在收集到足够的考生能力水平信息之后，考试会终止。在比奈智力测验中，如果考题不能再提供任何新的信息，测验就会终止。比最低水平组考题更简单的考题，对考生来说太简单了，而比最高水平组考题更难的考题又太难了，这些考题都不会提供更多的信息，因此用它们进行施测没有任何意义。

第三，每个考生要作答的考题数量可能会有所不同。一个设计良好的自适应考试，一般会规定好考生能力测量的精度水平。在收集到足够的信息之前是不会终止考试的。在比奈智力测验中，这个测量精度由最高水平组与最低水平组确定。

第四，每个自适应考试可能会使用题库中不同的考题。自适应考试的突出特点就是从预先标定好的题库中选出最符合考生能力水平的项目进行施测。在这个例子中，该考生回答了7.5岁组到10岁组的考题，另一个考生很有可能回答5岁组到7.5岁组的考题，而其他考生则有可能回答8岁组到11岁组的考题。

第五，在自适应考试中，考生回答的考题的难度在50%左右，因为这个难度的题目能够提供最多的信息。在这个例子里，考生正确回答的考题比例是61.7%。这种"自我调节"的选题机制会使各类考生获得比较类似的心理体验。低能力水平的考生会觉得自适应考试比传统的纸笔考试简单，因为在传统的纸笔考试中他们会遇见更多的难题。相反，高能力水平的考生会觉得自适应考试比传统的纸笔考试难，因为他们在自适应考试中会遇到更多的难题。

这里有一个与比奈智力测验相关的有趣典故。一位伟大的心理学家、教育学家让·皮亚杰（Jean Piaget）在事业生涯的早期曾经在比奈研究院为比奈－西蒙智力测验团队的西奥多·西蒙（Theodore Simon）工作。他发现西奥多·西蒙的团队只关注智力测验中作答的总得分，而忽视了最有趣的数据——学生给出的答案的种类。他敏锐地意识到认真研究作答本身比研究作答正确与否更有意义，因为这可以揭示学生是如何思考问题的。他发现西奥多·西蒙团队的研究人员根本没有注意到这个重要的现象，因为他们只关注答案是否正确。他认真研究了这些错误答案，结果发现虽然孩子们犯了错，但是他们的思考方式非常相似。他认为教学需要关注儿童如何思考，而不是对事实的记忆。在此基础上，他提出了著名的发生认识论。非常遗憾的是，他的研究工作虽然在理论界广受欢迎，但对学校系统影响甚微。这段趣闻轶事体现了早期测验的局限性——不关注分析学生学习的优势与弱势，提供对学习更有价值的诊断信息。而在本书的最后几章，我们讨论的话题之一就是经过这些年的发展，特别是随着人工智能技术的日益成熟及其在测验中的进一步应用，学习诊断技术已经成为计算机化自适应测验的重要发展趋势之一。

计算机化测验的发展简史

计算机化测验（computerized testing）指的是以计算机为平台向考生呈现考题的测验形式。计算机化测验有广义与狭义之分：广义的计算机化测验叫作基于计算机的测验（computer-based testing，CBT），狭义的计算机化测验叫作计算机化自适应测验。基于计算机的测验包括所有以计算机为呈现平台的测验，例如把纸笔测验的内容直接转化为计算机呈现。显然，这样简单照搬纸笔考试内容的计算机化测验只是单纯的考试平台的变化，不具备自适应的智能化特点。与此不同的是，狭义的计算机化测验不仅实现了考试平台的变化，还具有智能化的自适应特点（不同初始题、自动终止等等），因此成为目前最受欢迎的考试形式之一。计算机信息技术是发展计算机化测验最重要的基础条件，现代信息技术日新月异的变化是计算机化测验出现和发展的前奏。

现代信息技术带来的巨大变化至少体现在两个方面。第一，计算能力的巨大提高。现在一台个人计算机或者平板电脑、智能手机等小型手持设备的计算能力已经远远超过上个世纪的大型主机。著名的ENIAC可以占据一个很大的房间，可是它的计算能力比不上一台普通的台式电脑。更令人惊讶的是，基于云计算技术的发展，在网络的帮助下，现在的普通智能手机或者平板电脑也具有实施教育测量的能力了。第二，个人电脑与简易手持设备的大量普及。在计算机发展的早期，它以大型主机（mainframe）的形式存在，是只有大型研究机构和企业才能负担的"奢侈品"。但是现在个人电脑已经非常普及，甚至已经慢慢被更加便捷的智能手机与平板电脑取代，成为非常普通的日常消费品（见图1-2）。

从最广泛的意义上讲，基于计算机的测验不仅包括在计算机或工作站上管理的测验，还包括其他设备（智能手机、平板电脑及其他电子设备）提供的测验。在英国，基

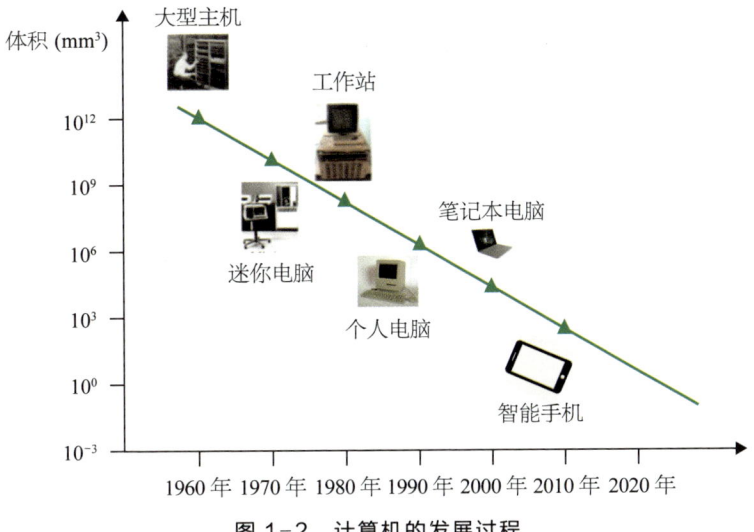

图1-2 计算机的发展过程

于计算机的测验被称为电子评估，并且被定义为"用信息与通信技术展现评估活动和响应记录的端到端电子评估过程"。这个定义预示着数字技术在交付测验中可能会持续发展，并表明在"基于计算机的测验"这个特定称谓中继续使用"计算机"（computer）一词将不再恰当。

信息技术的蓬勃发展给现代社会带来了深刻的影响，心理测量领域也正在经历一场"信息革命"。心理与教育测量的任务是在相关的数量范围内与尺度上给出测量对象的准确位置。在过去，这是一项非常复杂并且需要耗费大量人力和物力的工作。而现在，随着计算机硬件和软件的不断升级以及计算能力的大幅提升，信息技术在心理与教育测量中全流程渗透，使之更加智能和便捷（见图1-3）。例如，计算机化测验可以实时地呈现考题、收集作答情况、自动评分等，考生可以实时收到考试成绩甚至相关的诊断报告。

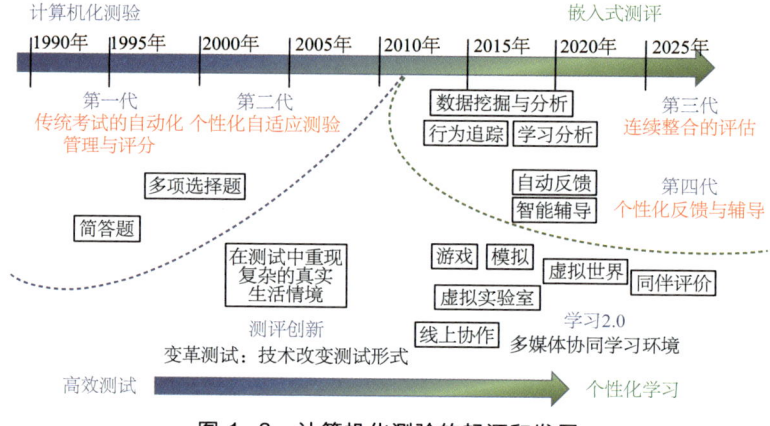

图1-3 计算机化测验的起源和发展

如前所述，比奈因在智力测验方面的成就被公认为自适应测验的先驱，但真正的电子化测验与计算机辅助教学是同时发生的。随着计算机技术的不断进步以及硬件设备的不断升级，它在社会生活的各个方面的应用都在不断扩大。在教育领域的具体表现是，计算机在教学辅助领域的应用也随之发展起来。20世纪20年代，美国俄亥俄州立大学的教育心理学教授西德尼·普雷西（Sidney Pressey）开发了一种机器，在他的入门课程中为学生管理测验项目。普雷西是"程序化教学"运动的早期倡导者，著名的心理学家斯金纳（Burrhus F. Skinner）在20世纪50年代末、60年代初也积极投身于这场运动。普雷西和斯金纳当时使用的教学机器都不是计算机，但后来的程序化教学运动很快就接受了计算机辅助教学（computer-aided instruction, CAI）的概念。早期使用计算机辅助教学技术的产品是IBM的教学机器项目，它有一台与打字机相连的高速计算机，允许计算机通过打字机向学生提出问题，学生依次输入答案，然后传送回电脑进行核对。

20世纪60年代初更加知名的计算机辅助教学系统——自动教学操作的程序逻辑（Programmed Logic for Automatic Teaching Operations, PLATO）诞生了。PLATO由伊利诺伊大学香槟分校研制，控制数据公司(Control Data Cooperation, CDC)开发。PLATO起源于伊利诺伊大学的分布式计算机学习系统，是第一个通用的计算机辅助教学系统。在PLATO系统被开发后，用户和开发人员便可以添加更多功能。到了20世纪70年代后期，PLATO已在全球拥有数千个终端。PLATO系统在40年的应用史中，对计算机科学的很多领域都产生了开创性的影响，这些影响涉及计算机辅助学习、在线网络和软件创新等领域，包括等离子平板显示器和互动式触摸屏等具体产品。PLATO是当今网络世界的先驱，在这个系统下建立的繁荣的在线社区比如今的社交媒体要早出现几十年。

20世纪60年代，PLATO仍然处于漫长的发展时期，当时它还只是一个小型系统，仅支持一个终端机教室。大约在1972年，PLATO开始过渡到新一代大型机，能够同时支持多达1000个终端用户。1976年，该系统被控制数据公司购买并开始商业化运作。控制数据公司早期取得成功的原因之一是与美国国家安全交易商协会（NASD）建立了合作关系，在1978年前后，它开发了第一个根据客户需求进行定制的计算机考试系统。之后，控制数据公司的在线考试业务持续增长，到了20世纪90年代，已经建立了多家考试中心，用于各类职业认证考试与学术类升学考试。

计算机化测验研究的黄金时代

通过对自适应测验进行理论和实证研究，计算机化测验得到了极大的推动。在当时，自适应测验并不是主流的称谓，各种称谓百花齐放，如顺序测验、分支测验、个性化测量、定制测验、程序化测验和响应相关测验等，不一而足。在20世纪60年代末至70年代初，学者们在相关领域发表了许多重要论文，为自适应测验提供了理论基础，其中包括著名心理测量学家弗里德瑞克·罗德（Fredric Lord）的开创性研究成果——潜在特质模型（即当代最流行的心理与教育测量模型——项目反应理论模型），计算机化自适应测验的贝叶斯选题法，以及明尼苏达大学的大卫·怀思（David Weiss）和他的同事提出的自适应测验中的分支策略，等等。

同时，计算机辅助教学和PLATO等平台引起了美国军方的兴趣。军方当时正在寻找有效的方法来评估新兵在专业领域的潜能。美国军方认为，计算机化自适应测验技术能够很好地满足这一需求，因此对相关研究给予了大量的资助。随着相关基础理论研究的深入以及美国军方的大力资助，计算机化自适应测验研究进入黄金时代。早期，美国军方资助佛罗里达州立大学的空军人力资源研究室进行了计算机化自适应测验系统在空军技术训练环境中的效用研究。为了完成这项研究，研究团队在伊利诺伊大学用TUTOR语言编写测验程序来支持PLATO系统。这项研究的结论非常乐观："自适应测验可以节省大约50%的时间。

此外，开发一个灵活的自适应测验计算机系统也相对容易。"

1975年，军方通过赞助一系列计算机化自适应测验研究会议来进一步鼓励计算机化自适应测验的发展。这些会议汇集了军事领域和学术界的主要研究人员，会议论文集体现了当时自适应测验研究工作和理论的最高水平，具有相当的广度和深度。对于那些对计算机化测验的历史感兴趣的人来说，最大的福利是四次会议的论文集都在互联网上公开了。

军方对计算机化自适应测验的资助最终带来了军队职业倾向测验（Armed Services Vocational Aptitude Battery，ASVAB）计算机化自适应版本（CAT-ASVAB）的问世。该测验第一个版本的研发于1976年完成，同年被用于陆军、空军、海军和海军陆战队队员的选拔。此后，美国军方一直资助CAT-ASVAB的各类研究。1979—1983年，研究者们广泛开展了对CAT-ASVAB实验版本的开发和验证研究。1983—1985年，研究者们进行了一项大规模的验证研究，解决了计算机化自适应测验版和纸笔版ASVAB的可比性问题。这些研究一方面验证了计算机化自适应测验的可行性与优势，另一方面也促进了CAT-ASVAB在技术开发和实践应用方面的发展成熟，成为计算机化自适应测验理论研究与实践的典型代表。

20世纪80年代，计算机化测验的发展进入了一个全新的时期，这主要表现在两个方面。首先，出现了项目反应理论（item response theory，IRT）在各种测验环境中的应用和接受程度激增的趋势。同时，这一趋势在学术界也得到了一些专门研究项目反应理论的教科书的推动。此外，在美国军方支持的 CAT-ASVAB 的影响下，很多重要的测验开发商、出版社在标准化测验中广泛地使用项目反应理论。随着项目反应理论越来越为人所知，它有可能在未来作为支持计算机化测验应用的一种手段的观点开始得到广泛的认可。

其次，微型计算机变得更加普及，而它们在计算机化测验中的应用也慢慢被大众接受。例如，由于微型计算机工业已经发展到可以利用现成设备的程度，CAT-ASVAB 项目得到了极大的推动。波特兰公立学校系统早在20世纪80年代中期就开始探索使用微型计算机和基于 Rasch 模型（一种特殊的项目反应理论模型）的自适应测验系统的试点项目。美国教育考试服务中心（Educational Testing Service，ETS）使用微型计算机为大学理事会实施计算机化自适应测验，用于高等教育中学生的分级考试。美国教育考试服务中心还与美国全国注册建筑师委员会（National Council of Architects Registration Boards，NCARB）合作开展了一个项目，把微型计算机和计算机化的掌握测验模型用于建筑师注册考试。

到了20世纪90年代初，许多大规模的测验项目都准备实施初级的计算机化测验，甚至直接跳跃到计算机化自适应测验。使用项目反应理论和统计方法来支持计算机化自适应测验的技术已经成熟，并且提供计算机化自适应测验的信息化技术似乎也指日可待。关于计算机化自适应测验方方面面的研究不断扩展，使其在20世纪90年代经历了迅猛发展。各行各业都开始慢慢转向接受或者支持计算机化测验，心理与教育测量界的很多人则坚信计算机化测验将很快取代传统的纸笔测验，然而，计算机化测验应用的爆炸性增长并没有完全实现。

计算机化自适应测验的实施和挑战

20世纪80年代末，美国教育考试服务中心提议将研究生入学考试（Graduate Record Examination, GRE）改为计算机化自适应测验形式。这一项目的开发和支持研究分两个阶段进行：第一阶段，建立计算机化测验版本与纸笔形式GRE的可比性；第二阶段，建立自适应测验模型与原始线性模型的可比性。此外，美国教育考试服务中心的研究人员在开发计算机化自适应测验项目选题算法方面进行了大量的工作，该算法不仅可以平衡心理测量目标，还可以平衡内容、项目格式以及测验项目呈现顺序等其他各种约束条件。

GRE的计算机化测验版本于1993年推出，并在推出后进行了大范围的推广。可是，这个机考版本很快就暴露出了各种问题。1994年下半年，一家名为开普兰（Kaplan）的考试培训公司派出了22名员工参加GRE的计算机化自适应测验。这些员工并不是真正的考生，他们的任务是记住所有自己做过的考题，看看派多少人可以穷尽整个题库。虽然开普兰公司并未将考题分享给其他还没有参加考试的人，但是部分考生已经开始这样做。这种现象一度非常严重，特别是很多网络社交论坛，借助这个工具吸引人气，形成了所谓的GRE考试"机经"（机考的经验），很多人通过背诵机经上的题目拿到高分。开普兰公司的行为引起了美国教育考试服务中心的注意。美国教育考试服务中心一方面向开普兰公司提起诉讼，另一方面大幅加大了对计算机化自适应测验的科研与开发。

在20世纪90年代，美国教育考试服务中心在许多著名的大型测验项目中实施了计算机化自适应测验，包括GRE、托福（Test of English as a Foreign Language，TOEFL）、美国教师资格考试、管理学研究生入学考试（Graduate Management Admission Test，GMAT）。由于测验本身的高利害性，在这些项目中推行计算机化自适应测验的决定是非常大胆的。在GRE中推行计算机化自适应测验遇到的各种挑战也存在于其他项目中。研究者对这些问题进行了全面总结，包括在连续测验时保持安全性，限制项目暴露所需的大量测验开发工作，以及与纸笔测验相比增加的管理成本。基于研究与应用的现状，其他大规模的招生考试项目，如学术能力评估考试（Scholastic Assessment Test，SAT）、美国大学入学考试（American College Test，ACT）以及法学院入学考试（Law School Admission Test，LSAT），在深入开展计算机化测验的研究与开发工作的同时，也保留了纸笔形式的测验。

计算机化测验的扩展、完善和更多挑战

尽管计算机化自适应测验在教育选拔考试中的尝试令人喜忧参半，但是也有许多实施计算机化自适应测验非常成功的领域，其中最富有成效的领域之一就是职业资格认

证和许可测验。与入学考试相比，基于计算机的认证和执照考试的一个优势是对考生的控制和跟踪，这在招生考试中是不可能的。这种控制和跟踪有助于在连续测验条件下减少与测验安全性相关的问题。最早的适应性职业认证测验是由美国国家护士认证考试委员会举办的注册护士执照考试（National Council Licensure Examination-Registered Nurses，NCLEX-RN）。这一测验是在1994年实现计算机化的，它使用了基于Rasch模型的可变长度计算机化自适应测验程序。这种方法大幅减少了考生的考试时间。在资格考试采用计算机化版本之前，考试只能在大城市具有有限考位的考试中心中每年举行2次，而且每次考试都要进行2天。在采用计算机化版本之后，考试时间缩短为90分钟，而且考生可以自由挑选考试时间与半小时车程之内的地点，因此每年可以进行考试的次数和人数都大幅增加。正是由于护士资格考试改革的巨大成功，美国全国注册建筑师委员会、美国国家医学考核委员会（National Board of Medical Examiners，NBME），以及美国注册会计师委员会（American Institute of Certified Public Accountants，AICPA）都纷纷引入计算机化的测验系统，并且都取得了非常好的反响。此外，许多信息技术行业的公司，包括微软、诺威尔、思科、惠普等在内，都实施了计算机化测验认证计划。这些项目的成功支持了在全球范围内维护计算机化测验中心的供应商的迅速成长与扩张，其中最著名的是普尔文（Prometric）和培生（Pearson VUE）。这些计算机化测验供应商很快就为全球数百家客户提供了各种计算机化测验的定制服务。

根据2001年颁布的《不让一个孩子掉队》（No Child Left Behind，NCLB）法案，美国各州需要进行州一级的学习质量监测等一系列测验，计算机化自适应测验在美国基础教育阶段（即K-12年级）得到了大规模的推广。计算机化测验在美国基础教育领域中的成功应用始于20世纪90年代。随着计算机化自适应测验技术逐步成熟与应用场景不断增加，其在基础教育领域的应用也就顺理成章了。然而，依据《不让一个孩子掉队》法案使用计算机化自适应测验的争议很快就出现了。具体来说，美国教育部的最终条例规定，用于《不让一个孩子掉队》法案问责目的的所有计算机化自适应测验都必须衡量年级水平标准。这项规定妨碍了一些州实施计算机化自适应测验的行动，因为计算机化自适应测验的开发工作并没有包含针对每个年级的具体等级标准。正如《教育周刊》（*Education Week*）上的一篇文章所总结的，计算机化自适应测验不符合《不让一个孩子掉队》法案的要求：

现在的结果是，计算机化自适应测验被排除在联邦法律，以及伴随而来的公众的关注和用于测验开发的联邦资金之外。自适应测验的开发人员觉得他们错过了史上最大的基础教育领域的测验热潮。

由于这一争议，大多数州都没有在其依据《不让一个孩子掉队》法案开展的测验计划中使用计算机化自适应测验。最终，美国教育部修改了其在自适应测验中的立场，2007年俄勒冈州率先获批实施计算机化自适应测验计划。到2010年，其他几个州也在依据《不让一个孩子掉队》法案开展的测验中成功实施了计算机化自适应测验。

尽管存在诸多挑战，美国最近进行的教育改革仍然保证了计算机化测验在学校考试中的发展。2009年美国出台了《美国复苏与再投资法案》，并于2010年向两个教育测评联盟拨款3.5亿美元竞争性补助金，用于设计新的综合评估系统。这两个教育测评联盟之后都不约而同地致力于开发新一代的计算机化测验系统。

早期计算机化测验面临的挑战并没有扑灭测验研究者与使用者的热情。目前有关计算机化自适应测验方方面面的新技术都在不断涌现，包括曝光控制、分数报告、自动组卷、选题算法等。虽然技术革新不断，但是考试安全与考试效率之间的矛盾依然是这个领域最大的挑战之一。一些新的计算机化自适应测验形式慢慢进入大众的视野，包括实时线性测验(linear on the fly tests)、计算机化序列测验(computerized sequential testing)以及多阶段测验（multistage testing）。特别是多阶段测验，与纸笔测验相比，它既能保持较高的测量效率，又能保留纸笔测验便于测验前全面质量控制、便于考生修改答案等优点。

总之，在过去的100多年中，特别是在过去的50年左右的时间里，随着现代信息技术的不断发展，计算机化自适应测验经历了萌芽、发展、反思和扩展多个阶段。这种螺旋式上升的发展趋势似乎并没有停止。社会的发展和教育与心理领域提出的各项新的测验需求，不断促进着计算机化自适应测验的发展和演变；特别是人工智能的飞跃式发展，给计算机化测验带来了很多新的技术手段。这两股力量共同推动计算机化自适应测验进入了新的发展阶段。

计算机化自适应测验基本知识

经过长达半个世纪的发展，计算机化自适应测验日益成熟，形成了完整的思想体系、算法技术和工程技术。这一节将从基本概念、开发流程、五大元素、系统构成和功能几个方面简要介绍计算机化自适应测验。读完这一节，我们可以基本了解计算机化自适应测验的系统和技术。最后，本节还将详细列举计算机化自适应测验的九大优势，从而具体说明计算机化自适应测验会给社会生活带来什么样的重要影响和作用。

什么是计算机化自适应测验

计算机化自适应测验，顾名思义，包含了两个重要的组成部分，即计算机化测验以及自适应测验，它们分别是计算机化自适应测验中的硬件与软件元素。

计算机化自适应测验首先是利用计算机进行测验的形式。在其发展的最早阶段，为了避免纸笔考试带来的种种弊端，计算机作为一种新的工具被引入测验。当时只是把纸笔考试的内容直接照搬到计算机上，并没有加入任何自适应测验的智能化功能，因此被称为基于计算机的测验。在信息技术手段被引入测验后，测验增加了很多新的功能，包括数据记录和题目呈现形式的多样化等。其中，最先被重点挖掘的一项是：利用智能化算法提高测验效率——这就是在计算机化测验中引入自适应测验的核心思想。

自适应测验(adaptive testing)是一种智能化测验形式，它能够根据学生回答问题的情况，选择与其能力最匹配的题目供其作答，然后根据学生给出的答案对其能力进行评估，之后再选出与他能力最匹配的题目供其作答，如此循环反复，直到满足测量准确度或者长度的要求。从考生的角度来看，考试的难度与其能力是匹配的。如果考生能答对中等难度的题目，接下来需要回答的题目就会更难一些。如果他们回答错误，就会被分配到一些更简单的题目。这种智能化的出题形式必须依靠算法来实现。

自计算机化自适应测验诞生以来，在各种文献中出现了很多不同的专有名词来描述它，包括定制式考试（tailored testing）、个性化考试(individualized testing)、程序化考试（programmed testing)、序列项目考试(sequential item testing)、作答权变考试(response-contingent testing)、计算机化考试以及树状分支考试(branched testing)。这些术语反映了这种智能化测验的不同侧面，例如：定制式考试体现了智能化测验为每一位考生"量体裁衣"，提供独特的考试内容；程序化考试说明这个考试是受电脑程序控制的；序列项目考试揭示了智能化测验中的考题是按照一定顺序选定并展示给考生的现象；作答权变考试指出了考题的选择是基于已有作答的基本事实；树状分支考试体现了每个考生可能在每个节点（考题）被分流到不同的路径、接受不同的考题，因而形成了一个有趣的树状分支图。

由于本身具有的运算能力以及能够加载其他信息技术的特质，计算机成为呈现这种智能化测验的最佳载体。而在这种测验的发展过程中，虽然研发人员使用过很多不同的名称，但是它们都在试图体现这种测验可以根据考生的表现智能化地开展这一本质，因此，目前被学术界和工业界普遍接受的名称是"自适应测验"。于是，"计算机化自适应测验"这个特定称谓应运而生。

计算机化自适应测验的流程

计算机化自适应测验是在计算机技术支撑下的智能化测验，智能化由一个聪明的自适应算法来实现。这个算法基本上可以被描述为下面这个多次反复的迭代流程（见图1-4）。

第一步：根据对考生现有能力的估计，在所有可能的题目中寻找最佳项目；

第二步：把选定的项目呈现给考生，考生作答；

第三步：根据考生的作答情况，更新考生的能力估计值；

第四步：检查是否符合终止规则。如果符合，考试结束。如果不符合，重复以上四个步骤。

计算机化自适应测验的五大元素

为了实现这种迭代算法，一个计算机化自适应测验系

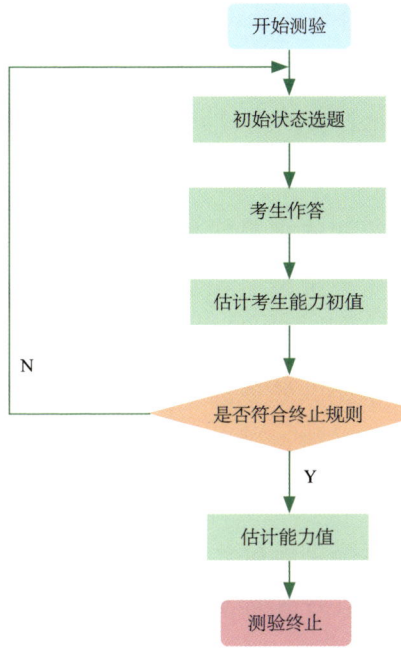

图 1-4　计算机化自适应测验流程

统应当包括以下五个缺一不可的基本元素：事先标定的题库、初始题选择、选题法、能力值估计方法与终止规则。

事先标定的题库：计算机化自适应测验需要从一个题库中选择一个问题呈现给考生。这个题库中的项目都是用心理测量学模型标定过的，这样可以确保它们在同一个尺度上。最常用的心理测量学模型是项目反应理论。

初始题选择：计算机化自适应测验选题的基本依据是在考试不同进程中对考生的能力做出的估值。但是在施测之前，一般很难得到考生能力的估值，因此需要一些特殊的方法来处理此时的能力粗略估算问题。一般来说，有两大类方法：第一类是通过其他渠道获得考生的已有信息，例如性别、年级等背景变量（初三的考生一般来说比初一的考生能力水平更高，初三考生应该选择较难的项目，而初一考生应选择相对容易的项目）；第二类就是假定考生具有中等能力水平，选择中等难度的项目。

选题法：选题法的主要任务是要构造一个指标，进而选出一个对能力估计值最有测量效率的项目。目前最常用的选题指标叫作信息函数。顾名思义，函数值最大（或者最小）的项目能够提供最多的信息。选题法涉及很多信息函数，这些信息函数可以被大致分为两大类：一类是来自统计学的费雪信息函数（Fisher information）；另一类是来自计算机科学的信息函数，包括信息熵函数、Kullback-Leibler 信息函数以及互信息函数（mutual information）等等。同时，选题法不仅仅涉及测量效率的问题，也涉及心理与教育测量中的各种实际限制，例如与考试安全相关的项目曝光率问题、内容平衡问题、正确作答的排序问题等等。选题法是最能展现自适应测验智能化特点的部分，因此它一直是计算机化自适应测验研究中的核心与热点问题。

能力值估计方法：考生做完一道题之后，计算机化自适应测验系统需要对考生的能力估值进行更新，这就需要引入某些统计方法来完成这个目标。目前，进行能力值估计的主要方法包括极大似然估计和贝叶斯估计。

终止规则：计算机化自适应测验系统会一直选出项目给考生，同时不断更新考生的能力估计值，直到题库里的项目枯竭为止，因此有必要制定终止规则。终止规则一般都建立在测验考生能力的测量精度上，从而判断考生是否在测验涉及的领域里达到了某种水平。在计算机化自适应测验中一般用测量的标准误（standard error of measurement）来衡量能力值测量的精度。当测量精度达到某个预设值时，就会停止测验，因此，计算机化自适应测验的一个优势是可以使每个考生测验的测量精度相同。

计算机施测系统及其功能

计算机化自适应测验不仅需要先进的理论来构造构念，需要测量理论与技术来保证测量的可靠性与科学性，而且需要现代信息技术来收集、处理并报告测量中获取的信息。下面将简略描述计算机化测验中涉及的信息技术。计算机化测验中的计算机信息技术总称为"计算机施测系统"（the computerized delivery system），它涵盖了硬件和软件两部分。

一是硬件。一个独立的施测系统工作站需要的硬件包括可与外部网络连接的电脑、足够大的内存、存储系统、输入设备、显示设备、打印设备、与中心站点联络的设备。目前信息技术高度发达，智能手机、平板电脑等设备已经能够满足基本的硬件要求。

二是软件。硬件必须与软件结合才能发挥作用。施测系统的软件包括操作系统（用于分配系统资源，提高施测系统效率）与应用软件（测验系统，用于施测、评分、记录、汇报成绩，甚至进行结果解读）。软件是施测系统的"智能中心"，发挥着至关重要的作用，目前的技术已能够实现多种不同的计算机化测验。为了适应计算机化自适应测验的需要，新的在线标定系统也诞生了。软件方面最重大的技术变革是人工智能的发展，在教育测验中表现为知识库计算(knowledge-based computing)。它是大数据挖掘的重要技术之一，为智能化测验提供了新的可能性。

计算机施测系统可以承担测验中的五项工作，包括收集信息、存储信息、决策、行动与沟通联系，这有效降低了人力成本。

收集信息的工作由计算机的输入设备完成。输入设备把考生输入的信息（包括个人信息、作答等等）收集起来，进行编码，并且传输到主服务器。输入设备的更新换代十分迅速，从最原始的键盘到Windows类的界面（下拉菜单、鼠标等等），再发展到目前非常流行的触屏。语音识别技术的迅猛发展也使语音输入日益普遍。键盘输入的方式会带来一定的不公平，因为有打字经验的人会更加熟悉这种方式，但是使用触屏与语音输入不需要专门的训练，能够消除键盘输入带来的不公平，提高考试的信度与效度。

计算机的存储系统能够完成信息存储的任务，即记住测验实施的每一个步骤，存储不同阶段产生的各种数据。与人脑类似，计算机的存储系统可以识别信号，存储已有的测验内容与设计，记录并分类整理数据，等等。计算机的存储能力也有了巨大的发展。早期的内存容量只有几MB，但是目前普通的台式机与笔记本电脑都拥有了8GB甚至更多的内存容量，并且内存容量还在持续增加。

决策任务由计算机的中央处理器完成，主要根据算法完成有关计算。在计算机化自适应测验中，它表现为根据考生的作答，判断对错，更新对考生能力的估计值，然后计算有关的选题指标，选出一个最合适的项目。目前，由于云计算的发展，很多计算任务已经被剥离，不在终端而是被转移到中心服务器上进行。

行动任务指由计算机的输出设备执行计算机的决策。在计算机化自适应测验中，其最主要的表现是把已经选出的项目呈现给考生。根据要求，显示设备会把项目以文字、图像或者声音的形式呈现出来。显示设备也经历了巨大的变化，从原来笨重的CRT显示器，到液晶显示器，甚至出现了可以加入曲面显示、虹膜识别等先进技术的显示器。

沟通联系是计算机能完成的另一个重要任务。它指的是把大量的计算机连接起来，构成一个网络，这样可以提升施测系统的能力，从而更加高效地完成测验任务，甚至能够完成单个计算机无法完成的任务。

计算机网络的最早形式之一是局域网。在心理与教育测量领域，利用局域网，人们开发了基于客户机、服务器和考试中心的机考模式，例如美国教育考试服务中心开展的GRE考试。但是考试公司需要花费巨大的人力和财力，用于增设考试中心、维护和更新相关设备和系统等。而这种单纯以资格认证为主的考试，并不能为学习者提供多少益处，因为其结果往往是通过与不通过。其考试地点只能是考试中心，并不能真正实现"随时随地"的测验，更不能达到以测验促进学习的目的。

比基于客户机、服务器和考试中心的机考模式略有突破的是基于因特网的测验（internet-based testing, ibt），美国教育考试服务中心的托福考试就采用了这种形式。但是这种形式也没有充分利用现代信息技术，它本质上是利用因特网进行连接的客户机和服务器模式。

一种更加高级的形式叫作基于网络的测验（web-based testing）。基于网络的测验是"互联网＋测验"（internet plus testing）的具体形式。它不仅仅利用因特网连接客户机与服务器，还可以利用因特网把云技术和大数据等技术纳入测验系统。更重要的是，这些现代化的信息技术能够为教学与学习服务，实现真正的自适应学习（adaptive learning）与智慧学习（smart learning）。

总而言之，计算机施测系统替代了大量的人力工作，节省了高昂的人工成本。目前，计算机系统已经能够很好地进行评分、存储记录、查找记录、计算统计指标等。伴随着云技术、大数据、移动互联网和物联网的发展，以及翻转课堂、微课、MOOCs（慕课）、手机课堂、教育APP、电子书包、创客运动、教育云等一系列新理念、新技术、新模式的出现，新一代测验系统已经离我们越来越近，并且被注入了更多丰富的内涵（云计算、大数据等概念在20世纪末并未形成）。可以预见，以计算机化自适应测验为核心打造的心理与教育测量正在迎接一场新革命。

计算机化自适应测验的优势

计算机信息技术的发展给教育测量带来了巨大的变化。计算机化测验具有一些传统纸笔测验无法比拟的优势，这些优势主要表现在以下几个方面。

第一，问题呈现更加标准化。计算机可以精确地控制考生看到、听到的具体内容，也可以非常精准地控制项目呈现的时间。计算机可以控制施测条件、指导语、程序，使之完全标准化，而人工施测则很难达到这样的标准化。

第二，拥有更加丰富的呈现功能。在计算机化测验中，计算机显示器是统一的项目呈现设备。它能够呈现文字、图像、声音、视频等多种形式的刺激材料，实施成本低廉，呈现效果也远远好于纸质印刷方式。

第三，允许新形式的项目在测验中出现。纸笔考试中的项目形式相对单一，而计算机大大拓展了考试的内容与形式。例如，在格式塔测验中，计算机可以逐步增加考试刺激材料的细节，直到考生识别出该图案。在听觉测验中，计算机可以向考生呈现通过数字合成技术生成的各种声音材料。这些测验内容与形式在纸笔考试中很难甚至无法呈现。

第四，减少考试时间。大量研究表明，即使只是简单地把纸笔测验转化为计算机化测验（第一代计算机化测验），也能大幅减少施测的时间。更重要的是，由于采用了智能化的选题算法，每个学生做题的数量大幅减少，学生负担可以大大降低。

第五，降低测量误差。计算机化测验也可以减少与测验过程有关的误差。计算机化测验的答案是通过键盘、鼠标或者触屏方式输入的，已经是电子化的数据。而纸笔考试的答案需要扫描，这个过程会引入一些转化的误差，因为扫描本身就是一项专业性非常强的技术。另外，在计算机化测验中，答案更改、常模更新、评分规则的变化都非常简单,但是在纸笔考试中,如果要对上述内容进行更改,必须更改相应的纸版内容。再者,计算机化测验可以避免试卷和作答答案丢失,学生作答答案模糊,使用扫描设备时可能出现的各种机械故障(扫描像素的设定等问题),答案错误等带来的重复劳动。在纸笔考试中,这些问题都是经常遇到的,需要花费大量的人力和物力来解决。

第六,作答数据的收集与编码更加便捷。计算机化测验在作答数据的收集与编码方面存在非常明显的优势。对于问答题或者写作题,计算机化测验可以避免不同书写风格带来的偏差。对于有些开放式问题,计算机可以提供更加符合考生作答习惯的作答方式。例如,有些问题会要求考生指出或者画出文本中的某些文字、图片中的某个部分。对于这种类型的问题,计算机——特别是在触屏技术飞速发展之后——提供了互动性更强、用户界面更加友好的作答方式。另外,由于语音识别技术的发展,考生可以用语音输入的方式进行作答,这就大大拓展了需要口头表达的考试内容,例如语言考试中的口语水平测验和音乐中的声乐水平测验。口头作答的方式也为某些特殊人群参加测验打开了方便之门,例如视觉困难人群、不具备书写能力的文盲群体等。

第七,允许进行实时评分、报告与解读。计算机可以快速评分并计算测验分数和总分。因此,考生可以在考试结束几分钟之后就拿到一份成绩报告与结果解读。而在纸笔考试中评分报告的撰写任务一般需要一周到一个月不等的时间来完成。很多标准化考试之所以被认为没有任何教学指导意义，其中重要的原因之一就是考试与反馈之间的时间过长。

第八，允许实现电子化存储。由于作答信息收集方式的改变，计算机能够直接进行数字化存储，避免了大量题本的物理运输、处理与存储。电子化的存储方式大大降低了传输过程中发生错误的概率。为了满足考试分析、二次教育研究以及存档的需求，这些数据可以被快速便捷地传送给不同需求方。

第九，提高考试安全性。计算机化测验中没有纸质的考题或者答案，因此可以避免纸笔考试中考题或者答案被泄露的问题。计算机系统可以通过多重的加密防止考试材料泄露。这些考试材料也可以通过加密的形式存储，没有密码指令的人无法查看或者打印。考题的答案也可以采用随机排列等方式，以防止现场作弊的发生。

二 智能化测验的"熵鞅"之法

计算机化自适应测验具有量体裁衣的功能，可以为每一个人定制一份独特的测验试卷。早期的自适应测验由训练有素的专业人员现场执行，就像在比奈智力测验中，都是训练有素的儿童心理学家对幼儿进行一对一的单独测验。这样操作虽然达到了个性化测验的目的，但是实施成本极高。计算机化自适应测验是实现个性化测验的低成本、普遍化的方式。它的本质是利用信息技术，实现对个性化测验的精准、快速控制。个人电脑的普及为计算机化自适应测验提供了实施条件，但最重要的，还是利用心理与教育测量中的测量统计模型（主流的测量统计模型是项目反应理论模型），借鉴信息论以及统计学和数学中的其他有关技术，开发自适应测验选题算法。本章第一节简要介绍了信息论中的熵论，以及它在计算机化自适应测验选题算法开发中的应用；第二节简要介绍统计学中的鞅论，以及它在证明计算机化自适应测验数学性质中的作用。

熵论与自适应选题算法

身处信息化时代，人们在日常生活中的方方面面都离不开信息。我们都知道信息是存在的，但很难描述它。因为它不是一般意义上的实体，看不见，摸不着，非常抽象。各行各业的研究者们都从自身研究领域出发，试图对信息做出科学而准确的定义。而在物理、数学和计算机科学领域里，研究者们最终找到了从信息的存储入手从而将信息"实体化"的方法。虽然信息本身不是实体，但它无论是被记忆在人的大脑里，还是被记录在书本上，或是被存储于计算机中，都必须依附于某个物质的实体。如果信息没有被承载在某个实体上，便无法存在。在这个基础上又延伸出了一个非常有意思的问题：对于一个给定大小的空间，能够存储于其中的信息是否有一个极限？如果有，这个极限是多少？如何计算？要回答这些问题，首先需要对信息进行量化。这相对来说较为简单。就像数据以二进制的形式存储于计算机里一样，任何一条信息都可以被表示为一组特定的 0 和 1 的组合。所以构成信息的最小单位就是 0/1，称作比特。这样一来，上面的问题就简化为："对于一个给定大小的空间，最多有多少个比特能够存储于其中？"要回答这个问题，需要引入一个十分重要也非常有趣的物理量——熵。

熵论的基本内涵

熵的概念最早源于物理学中德国人克劳修斯（Rudolf Clausius）提出的热力学第二定律，它被用于度量热力学系统的紊乱程度。胡刚复（1923年在南京高等师范学校物理系任教授、系主任）将"entropy"一词译成中文"熵"。"熵"字左边的"火"字与中国古代的五行学说相关，表示与热有关；右边的"商"字表示与热有关的两个基本属性的相除关系。

在物理学领域，熵是用来衡量一个热力学系统有序与无序程度的量：熵越大，系统就越无序(通俗地说，就是越混乱)。熵本身是一个宏观物理量，但描述的却是构成系统的微观元素的有序或无序程度。举一个形象的例子说明。比如，把你的卧室看成一个宏观系统，卧室里的床、椅、鞋、袜等等则是构成这个系统的微观元素。卧室越乱，它的熵就越大。有一条与能量守恒原理有同等地位的物理学原理——熵增原理，即一个孤立热力学系统(即与外界没有能量交换的系统)的熵是永不减少的。回到上述卧室的例子，如果没有人花力气去整理它(在这里"整理"可以被看作从外界输入能量，当"整理"发生时，系统便不再是孤立的)，这个卧室就可以被看成一个孤立系统，它的熵就永远不会减少，即不会变得有序。

而在信息论领域，熵被定义为对不确定性的度量。1928年，哈特莱(Richard V. L. Hartley)将信息定义为选择通信符号的方式，并用选择的自由度来进行度量。他考虑到，当从 D 个彼此不同的字母中取出 N 个字母并且组成一个"词"时，如果各个字母出现的概率相同，而且是完全随机选取的，就可以得到 D^N 个不同的词。从这些词里取了特定的一个就对应一个信息量 I。哈特莱建议用 $N \log D$ 这个量表示信息量，即 $I = N \log D$。这里的 $\log$ 表示以 10 为底的对数。

1948 年，香农（Claude Shannon）在长达数十页的论文《通信的数学理论》中首次提出了信息熵的数学公式，这被视为现代信息论研究的开山之作、信息论正式诞生的里程碑，香农也因此被视为信息论之父。他的通信数学模型清楚地提出信息的度量问题，他把哈特莱的公式拓展到概率 p_i 不同的情况下，得到了著名的计算信息熵的公式，解决了对信息的量化度量问题。

虽然热力学的熵和信息熵描述的分别是系统的无序程度和随机变量的不确定性，但它们不仅在数学表达形式上一致，在实质上也有着紧密的联系。不难想象，一个系统越无序，对它就越难准确描述，当然也就越不可预测。设想有两间放有相同东西的房间，比如说里面都有 10 本杂志。一间很混乱（物理熵高），杂志摆放杂乱无章，东一本西一本，床上、地上哪儿都有；另一间很整齐（物理熵低），所有的杂志都摞在床头柜上。如果有人进来随手拿起一本杂志向某个方向胡乱一扔（杂志位置变动的信息），对前者来说，几乎无法判断出房间里面有什么变化（难以得到信息，即不确定性高）；而对后者，变化则是一目了然的（容易得到信息，即不确定性低）。

熵论在自适应测验中的应用与原理

自适应测验实现智能化测验的核心元素是选题算法。为了定制适应每个人不同水平的测验题，自适应测验的选题算法经历了多次演变，其中最为引人注目的是把计算机科学中的信息论引入自适应测验，这样就可以把自适应选题看作一个不断追逐信息最大化或者减少能力估计混乱情况的"熵减"过程。

在自适应测验发展的早期，人们认为当一道测验题不是"太难"或者"太容易"时，测验效率最高。因此，从直觉的角度来说，如果考生答对了一道题，那么下一道题应该更难；如果考生答错了一道题，那么下一道题应该相对容易一点。这个看似简单但是又非常符合常识的过程在数学上被称为罗宾斯－门罗过程（Robbins-Monroe Process）。其实，这个过程最早被用在药物实验中，特别是药物毒性研究中。为了寻找药物中合适的毒性含量，科学家不停地调整给动物实验对象药物中的毒性含量，最后停留在正好杀死50%实验动物的含量上（50% lethal dosage）。这个不停调整药物含量的过程与自适应测验中动态地调整问题难度的过程基本一致。其实计算机化自适应测验的基本思路就是伟大的心理与教育测量学家罗德从药物实验中的罗宾斯－门罗过程中获得灵感，并经过一些改造后应用于自适应测验的。与此匹配的选题算法被称为"难度匹配法"，也就是选择难度与考生能力水平最接近的题目。此后，随着项目反应理论模型的大发展，罗德等多位研究者提出了使用更加精确的费雪信息函数作为选题的标准。顾名思义，从难度的匹配过渡到了对问题中包含的测量信息的度量，从单纯地关注问题难度过渡到了关注多方面信息并综合形成一个复杂指标。这个重大的技术改变使计算机化自适应测验的效率大幅提升。利用费雪信息函数来选题充分体现了自适应测验的智能化。图 2-1 呈现了题库中每一道题的信息函数值。x 轴表示学生的能力（数字越大表示学生的能力越高，0 表示学生的平均水平），y 轴表示每道题对应不同能力水平学生的信息函数值。在计算机化自适应测验中，系统会根据学生当前的能力水平估计值，选择对他而言信息函数值最大的题。

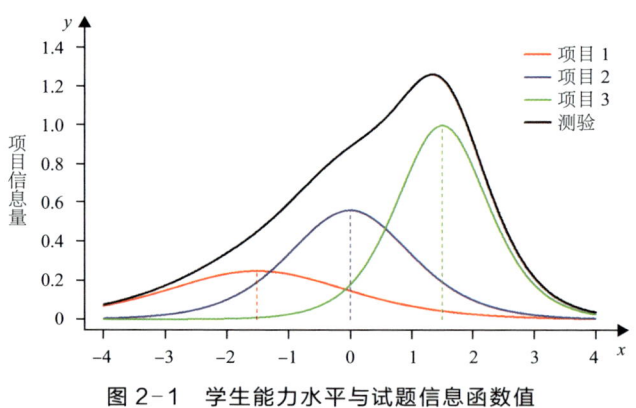

图 2-1　学生能力水平与试题信息函数值

例如，在图 2-1 中，能力水平为 1.5 的学生要选择绿色曲线的题，因为对他而言，这道题的信息函数值最高（达到了 1）；而能力水平是 -1.5 的那个学生（水平低于平均水平的学生）则要选择红色曲线的那道题，因为那道题的信息函数值最大（值约为 0.2）。此时，这个学生反而不能选择绿色曲线那道题，因为针对这个学生，其信息函数值反而小，表明这道题提供的信息量少。最后，需要指出的是，所有测验试题的信息函数值相加就是测验整体的信息函数值（上图中的黑色曲线），它表明这张试卷最适合什么水平的学生。由上面的例子可以看出，信息函数不仅体现了自适应的特点，更加可贵的是，它提供了一个可以量化的指标，具有高度的规范性与科学性。

难度匹配法与费雪信息函数法的基本出发点都是提升考试的效率。从大数据与人工智能的角度来看，它们可以被看作推荐算法的一个特殊类型。与其他领域的推荐算法相比，自适应算法更加符合教育理念。以娱乐推荐为例，系统的目标是增加顾客的重复消费，因此需要根据客户需求推荐类似的娱乐产品，其基本特征是视顾客为上帝，让顾客满意，使之永远处于"舒适区"。但是自适应测验的目标是提高测验效率，需要不断挑战学生的能力，准确地说，是在把学生推出"舒适区"，使之进入"挑战区"。这是教育领域与其他领域的重大区别。教育领域能体现这种理念的重要理论是"最近发展区"理论。

"最近发展区"理论是苏联教育学家、心理学家维果茨基在20世纪30年代提出来的，为教育界普遍认同。最近发展区又被译为"潜在发展区"，指"儿童独立解决问题的实际发展水平与在成人指导下或在与有能力的同伴合作中解决问题的潜在发展水平之间的差距"。维果茨基区分了个体发展的两种水平：一是现实的发展水平，即个体独立活动所能达到的水平；二是潜在的发展水平，是指个体在成人或比他成熟的个体的帮助下所能达到的活动水平。这两种水平之间的差距即"最近发展区"。

计算机化自适应测验虽然不是从该理念出发设计的，但是为了追求测验的效率，其选题算法最终殊途同归，体现了这一基本思想。难度匹配法强调最理想的题应该是学生有50%概率能够答对，而不是百分之百能够答对的题。费雪信息函数法在考虑难度匹配的基础上，也考虑了其他因素，但是就难度而言，同样是在50%答对概率左右浮动。因此，学生在计算机化自适应测验的过程中，不是待在自己的"舒适区"（答对概率远超50%），而是被不断地推向"挑战区"，或者说能力的"最近发展区"。费雪信息函数来自统计学领域，但是经过一些数学推导就可以发现，它与香农熵、相对熵等存在紧密的联系。从信息论熵的角度来看，确定考生能力水平的过程与整理房间、降低房间内混乱水平的过程类似，哪一个问题最能体现学生的能力水平（相当于最能使"房间变得整洁"）就会从题库中被选出。各种信息论指标也体现了一种迭代与演化的过程，但是这种联系在计算机化自适应测验中并不是显而易见的。著名的教育与测评专家张华华较早阐明了计算机化自适应测验中的这些关系，然后发展出了新的计算机化自适应选题算法。初期的信息指标（费雪信息函数指标）极大地提高了测验的效率。从测量效率的角度来看，已经满足了所有的需求。不过，教育测量的实践却和计算机化自适应测验开了一个大玩笑，它突然暴露出一些大问题。

最突出的问题是在高利害计算机化自适应测验中的试

题泄露问题。在20世纪90年代初，使用项目反应理论和统计方法来支持计算机化自适应测验已经较为成熟，同时相应的基于计算机的测验技术也趋于完善。许多大规模的测验项目都准备实施计算机化自适应测验，有许多理由让我们乐观地认为，计算机化自适应测验将会很快取代传统的纸笔测验。然而，其应用的爆炸性增长却出人意料地并没有来临。

GRE的计算机化自适应测验版本于1993年推出后，泄题的问题几乎立刻就出现了。1994年下半年，开普兰这家备考公司的22名员工参加了GRE的计算机化自适应测验，并证明了计算机化自适应测验中的题目可以被应试者记住并传递给尚未参加考试的人。开普兰公司的行为引起了美国教育考试服务中心的注意。美国教育考试服务中心的回应是提起针对开普兰公司的诉讼。同时，为了避免泄题事件的继续发生，美国教育考试服务中心不得不开发大量的题目，以减少题目重复出现的概率。

这个事件给众多的教育培训机构，特别是考试培训机构以及广大考生提供了一个"拿高分"的思路。大家通过分享自己遇到的考题，特别是在与考试有关的网络论坛与社交平台中交换这类信息，形成了所谓的"机经"。

"机经"指的是上机考试经验，也可称为"机考的经书"，是已经考试的考生对考试题目的回忆和总结。机经最先起源于GRE，后来被广泛地应用于出国留学的语言水平测验和研究生入学考试中，比如雅思、GMAT等。虽然2013年以前的雅思考试仍属于纸笔测验，但是由于对雅思考题的回忆包含听力、阅读、写作及口语面试题目，对备考雅思的考生帮助很大，因此考生们仍然将其称为"雅思机经"。实际上，雅思机经就是雅思考试的"历史真题"，只不过雅思考试的官方题库并不对外公布，官方只会出版部分真题，因此考生才需要依靠自发回忆的机经。"GMAT机经"主要有两种呈现方式，除了考生自发地将考题分享在论坛或社交平台上，还有网站直接提供基于过去考题的计算机化自适应测验形式的在线答题系统。

  机经的产生主要依赖于当时计算机化自适应测验的几个特征。第一个特征是题库试题总体数量和出题速度有限，而参考人数和场次都比较多。以当时北京的GRE考试为例，一个考场在一段时间内所出的题目总数是固定的，而且是美国教育考试服务中心官方总题库的一个子题库。同时，考试的安排非常密集，每个工作日都可以进行考试。这种测验场数和题目更新速度不协调的情况就使得机经在考试中发挥了相当大的作用。很多考生利用机经来有针对性地复习试题从而达到最佳考试效果，甚至时常有"满分大神"出现。

  第二个特征是世界各地的考区在同一套考题的出题时间上与北美相比有一定的延时。以托福考试为例，亚洲考区的某试卷实际上是对北美2个月前的某场考试试卷的重复。当北美的考试结束后人们将机经上传，亚洲学生的预备与选择的范围便大大缩小，成功押中考题的概率也会大大提高。这也是机经往往被认为是短时间备考捷径的原因。这个考试管理的漏洞被很多考生利用，在一些影视剧中也有反映。例如泰国电影《天才枪手》讲述的就是一名家庭贫困的优等生利用美国与亚洲国家的时差，为人替考赚钱的故事。

正是由于机经以及类似的作弊手段使计算机化自适应测验遭遇了重大挫折，人们意识到根本的挑战来自只考虑测验准确性的选题算法。在美国教育考试服务中心针对开普兰公司诉讼案发生的同时，张华华——一位美国伊利诺伊大学香槟分校统计系的博士毕业生来到美国教育考试服务中心工作。计算机化测验在美国这个时期发展过程中出现的起起伏伏吸引他进入了这个领域，从此开启了一段辉煌的科学研究生涯。在计算机化自适应选题算法以及数学基础方面的研究，使他成为当代心理与教育测量领域的杰出研究者之一，也成为国际心理测量学会（International Meeting of the Psychometric Society，IMPS）85年历史上首位华人主席，并成为美国教育研究协会40年历史上第二位教育测量专业终身成就奖的华人获得者。

他最重要的贡献之一就是阐述了信息论指标与费雪信息函数指标的区别，解决了计算机化自适应选题中的安全问题。有研究者用图2-2来展示他的研究。早期的信息论指标（费雪信息函数指标）就像是一盏探照灯，光线聚焦在一个很小的范围之内，这个很小范围之内的亮度都很高，因此，如果这个范围正好包含了考生的真实能力水平，我们就能很快正确地找到目标，结束测验。如果考生能力水平不在这个范围之内，测验系统就会陷入漫长的寻找过程。

后来，张华华等人指出，在测验的初期，由于对考生

"低区分度的项目更像泛光灯，可以照亮一个广泛的区域，但不会太亮。"
"……然后切换到聚光灯，以便更仔细地查看东西。"

图2-2　香农熵与费雪信息函数示意

的信息收集不足，应该关注更大范围之内的搜寻。他提出可以使用信息论中的相对熵（香农熵的一个变体），因为它更像一盏普通的灯，所有光线向四周自然发射，可以照亮更大的范围，便于在更大的范围内寻找目标。因此，在计算机化自适应测验的开始阶段，相对熵更符合测验的需求。一种理想的选题模式应该是，在每个考生接受测验的初期，由于对他（她）的信息掌握不足，不知道其能力范围，我们应该采用一种能够在大范围内搜索的算法；随着测验进程的推进，有关考生能力水平的信息不断累积，测试系统已经能够不断缩小搜索范围，此时采用"探照灯"式的算法，就会取得很好的测验效果。

一个有趣的事情是，在十多年之后，计算机科学中图像识别领域的一些研究者也发现了香农熵与费雪信息函数的这层关系，把这一关系用于解决图像中的粗略特征与细致特征识别的平衡问题。图像中粗略特征的识别相当于计算机化自适应测验初期阶段的能力值估计，此时需要使用香农熵（普通的灯）在大范围内搜索；而细致特征的识别，相当于计算机化自适应测验中后期的能力值估计，此时需要使用费雪信息函数指标（探照灯）在小范围内聚焦。计算机的图像识别是大数据与人工智能研究最成熟的领域之一，而计算机化自适应测验的研究者更早地洞察了这些指标之间的数学等价性，并应用于实际问题的解决。

原来它只是一场公平的赌博！

自适应测验的选题算法开发是技术性质的研究，是信息论与统计学中各种指标在心理与教育测量统计模型中的应用。同时，自适应测验也涉及一定的基础科学研究，主要是揭示计算机化自适应测验背后的数学原理。这方面的研究相对较少，最著名的研究是张华华等人从鞅论的角度证明了计算机化自适应测验是一个随机逼近的过程，并且能够确保最终测量出学生的真实能力水平。

鞅论模型

鞅（martingale，或译为马丁格尔），来源于法国方言，最早指马身上用于控制马车的马具，但更为重要的含义是指18世纪流行于法国的输钱加码法。从理论上来说，采用这种赌博策略绝对不会输钱。假设可以无限赊账且没有赌注限制，如果赌徒在每次输钱后就将赌注翻倍，那么对于这个赌徒来说，任何一个连续输钱之后赢钱的结果都是相同的——赢回本金,这就是等价鞅。举例来说,赌徒从1元开始押,然后以2的倍数增加,即1、2、4、8、16……,直到赢钱为止。使用这种策略,为的是在初次赢钱时赢回之前输掉的所有钱,同时又能另外赢得与最初赌本等值的收益。比如,当赌徒押16元的时候赢钱了,之前输的15元(1+2+4+8)和本金1元都能赢回来。当然,这个策略要有效需要一个重要前提:赌徒的财产和可用时间同时接近无穷。这样他赢得最初赌本的概率才会接近1。在一个公平的博弈中,无论赌徒的技艺有多么高超,策略如何好,他每次博弈时所赢得的金额的平均值都是0,除非他有无限的资金和时间。然而事实上,在一连串损失发生后,随着赌注迅速增长,大部分人可能未赌赢就已经破产了。因此,等价鞅策略不仅需要控制初始投入,而且应该配合止损策略,以使其最大损失在可控范围内。

从数学角度来看鞅过程,假设一个人已经赌了 n 次,此时的赌注为 x_n。如果不做手脚,他的运气应该同他之前的经历无关,那么第 $n+1$ 次赌博的预期收益是第 n 次的值。从赌徒的角度来看,它是一个公平的游戏。举例来说,如果我们在玩摇骰子比大小的游戏,每一轮输家要给赢家1元钱。假设游戏公平,在第十局结束后,你会发现自己赢了4元。在第十一局时,你有一半概率赢1元,也有一半概率输1元,那么你在第十一局结束后收益的期望值仍为4元。在第十二局、第二十局以及之后的每一局,你收益的期望值都会是4元。此时你的收益就是一个鞅过程。

从鞅论模型来看自适应测验

正如前文所述,自适应测验是一个随机逼近过程,也被称为罗宾斯-门罗过程。但是,这样的过程就一定能够测准学生的能力水平吗?其中的数学原理是什么?

张华华在2015年的演讲中第一次从鞅论的角度全面阐述了计算机化自适应测验的数学原理。在计算机化自适应测验的过程中,考试系统会根据考生的能力水平选出恰当难度的题目,考生针对这个题目进行作答,然后考试系统会把最新的作答信息纳入考虑范围,重新估计考生的能力水平,之后再根据最新的能力水平估计值开始新一轮的选题。在如此循环的过程中,一个考生的作答就是相互依存的系列变量。张华华的演讲揭示了计算机化测验就是一个鞅过程,同时他用鞅论中的概率工具证明了在各种心理与教育测量的统计模型下,计算机化自适应测验的过程能够"依概率收敛"于学生的真实能力水平。用通俗的语言来说,就是这个考试过程最后能够测出学生的真实能力水平。从这个角度来看,计算机化自适应测验确实是一场公平的游戏或者"赌博"。

这可能是研究者第一次全面系统地阐述和证明计算机化自适应测验背后的数学原理。这个结论奠定了计算机化自适应测验的数学基础,让一切计算机化自适应测验的算法、工程与应用研究有了坚实的数学理论支撑。

三 智能化测验的四个应用场景

随着计算机技术的发展，尤其是计算机运算速度的提高和计算机在社会生活中的普及，智能化测验技术得以落地应用。本章主要介绍计算机化自适应测验技术的四个应用场景：一、教育选拔测验领域；二、为学生提供学习服务的认知诊断领域；三、职业资格考试领域；四、企业人才选拔测验领域。希望通过本章介绍，读者能够认识到前述两章中介绍的技术并不是高谈弘论，而是具有一定社会价值的技术研究成果和理论，计算机化自适应测验确确实实能够在学校选拔、职业资格认定、公司选拔中甄别出优秀人才，为学生学习提供有针对性的、高效的指导和帮助。

不一样的高考：剑桥领思考试系统

从前面的描述可以看出，计算机化自适应测验最早最成熟的落地场景是教育选拔测验。本节选取了一个重要的语言测验系统，具体介绍在这个场景中计算机化自适应测验的使用情况。

2019年3月，教育部公布的《2018年度我国出国留学人员情况统计》显示，2018年度我国出国留学人员总数为66.21万人，较2017年增加5.37万人，增长8.83%。从1978年到2018年底，出国留学人数累计达585.71万人。申请出国留学需要提供雅思或托福考试成绩。目前雅思和托福考试依旧采用的是"千人一卷"的考试形式，考试时间也有严格的规定。各类留学培训机构层出不穷，推出各种名目、价格不菲的培训套餐，如雅思基础班、雅思冲刺班、雅思强化班等等。在学生准备报名的时候，机构的工作人员通常会对该学生进行一番测验，一般来说就是拿一份包含听力、阅读和写作试题的测试卷进行施测。这套测试卷可能是培训机构的模拟卷节选或者是雅思真题节选。培训机构老师给出的分析结果也只是通过统计各部分的分数，告诉学生哪一部分是弱项、哪一部分是强项。但是，测试卷中题目的选择是否合理其实是值得商榷的。如果一开始给学生做难度非常高的题目，学生心理难免会受到一定的影响，进而影响到整个测验结果，学生无法发挥出自己真实的水平。

2020年3月，剑桥大学英语考评部精心研发的人工智能考试系统——剑桥领思（Linguaskill from Cambridge）考试系统进入中国市场。无论是教育培训机构还是用人单位，都可以采用剑桥领思考试系统来考查被试者的英语水平。根据测验对象及目标的不同，该系统分为两个版本：通用版和职场版。剑桥领思通用版考试系统适用于日常英语测验，其应用场景包括学校招生、阶段性测验、毕业考试以及企业机构的日常岗位招聘等。剑桥领思职场版考试系统则偏重商务和企业英语应用的语境，适用于要求熟悉专业商务用语的应聘者，以及涉及国际业务的组织机构。这两个版本均可以模块化地测量被试者的听、说、读、写四个方面的能力。在进入中国市场前，剑桥大学英语考评部已经邀请了全世界50个国家的40多种语言使用者来测验此系统，保证了其准确性和可靠性。该系统可在施测后48小时内提供准确的个人或小组成绩报告。

在剑桥领思考试系统的研发过程中，剑桥大学英语考评部的专家团队针对全球多个国家不同语言使用者进行了覆盖式的深入研究和试用。它以人工智能作为支撑，采用最先进的自适应理论，试题的难易程度会依据应试者前一题的回答情况进行调整。在听、说、读、写四项技能测验中，阅读和听力测验的结果即时可知，写作和口语测验的评估分别在12小时和48小时内完成。评估结果呈现方式为个人或小组报告，该报告全面反映了应试者在欧洲语言通用参考框架以及剑桥英语量表中的相应级别。在考试组织方面，不限时间、场地，只需一台能连接互联网的电脑、一个麦克风和一套耳机设备，即可进行考试。

本节接下来的内容，将简要介绍剑桥领思通用版考试系统中听力、阅读和写作三个部分的测验和结果分析报告样例。

首先介绍的是听力与阅读部分。图3-1是剑桥领思通用版考试系统的耳机调试界面。第一步是戴上耳机并点击"Play Sound"按钮，如果能够听到耳机中的声音可以直接点击下方箭头开始测验；否则按照第二步去调整电脑音量大小，直到能够正常听到耳机中发出的声音。以上步骤能够确保考生听力考试顺利进行。

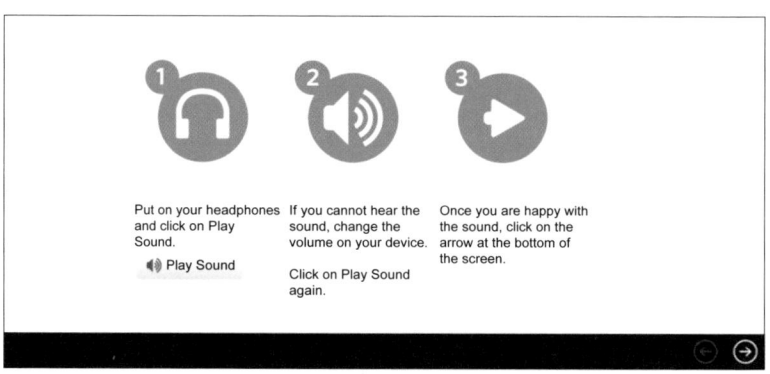

图3-1　剑桥领思通用版考试系统耳机调试界面

图3-2为剑桥领思通用版考试系统的欢迎界面，主要介绍了该系统为一个自适应系统，测验分为听力和阅读两个部分，以及如何作答下一道题，听力考试的说明，等等。点击"Start"便可开始测验。

图3-3和图3-4为正式测验时听力题型举例。

三　智能化测验的四个应用场景

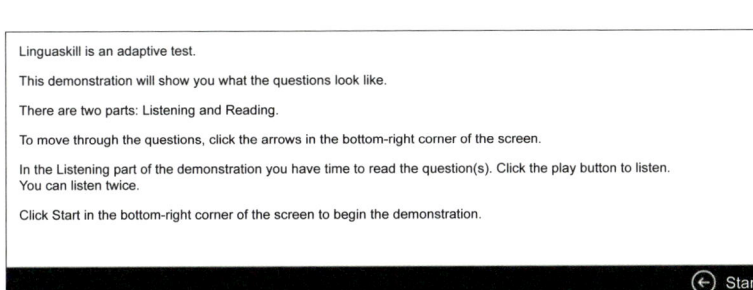

图 3-2　欢迎界面

图 3-3　简单听力界面

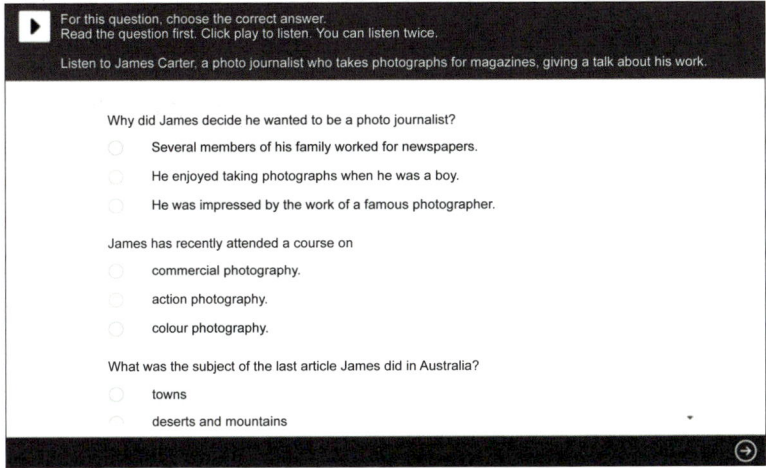

图 3-4　拓展听力界面

59

整个听力测验分为两个部分：简单听力和拓展听力。其中，简单听力部分所播放的语音为短语音，而拓展听力部分给出的语音为长语音并且题目顺序和语音中给出的信息顺序一致。每道题的语段可以听两遍，两遍结束后图中左上角的箭头会消失。

图3-5至图3-8为阅读部分题型展示。阅读部分包含的题型有阅读并选择、填空、完形填空、开放式完形填空以及拓展阅读。

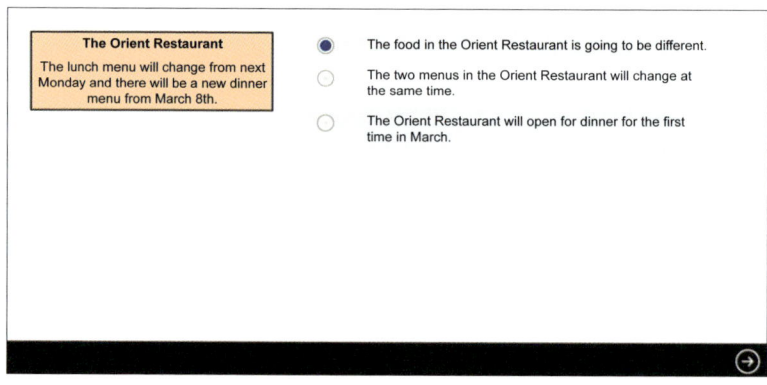

图3-5 阅读并选择界面

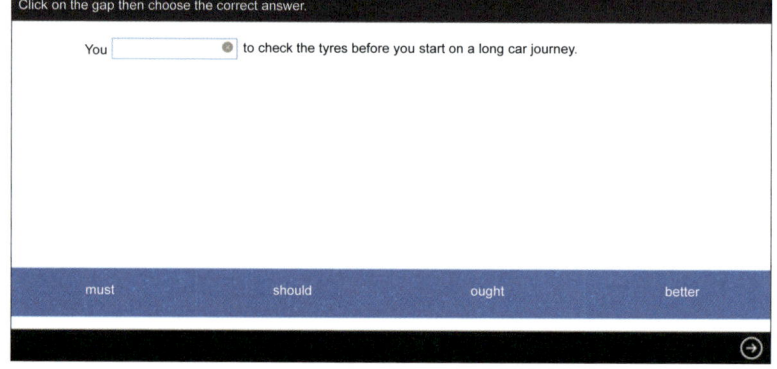

图3-6 填空界面

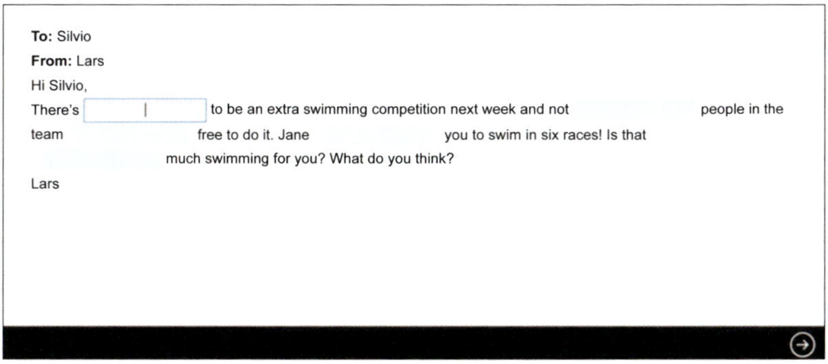

三 智能化测验的四个应用场景

图 3-7 完形填空界面

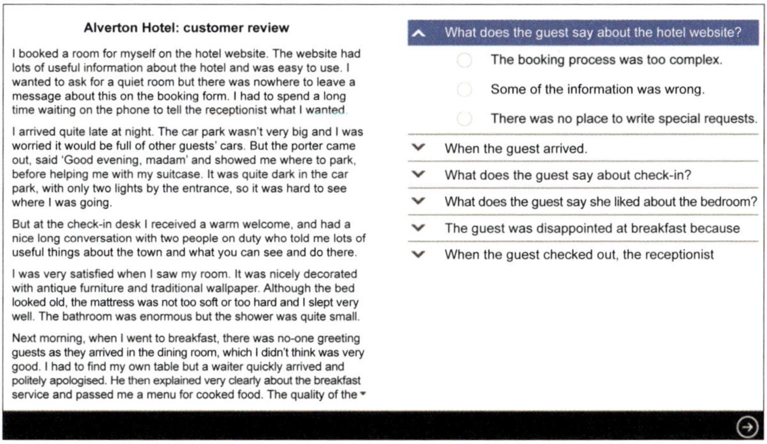

图 3-8 拓展阅读界面

阅读并选择：主要呈现包含简短文字的通知、示意图、标识、备忘录或者信件，让测验者选出最符合短文意思的句子或短语。

填空：主要为句子的空白处选择最合适的单词。

完形填空：填空的扩展版，该部分显示的是一篇短文，需要测验者给每一个空选择合适的单词。

开放式完形填空：让测验者在短文中填写正确的单词。

拓展阅读：提供一篇长文章，测验者须在阅读后回答问题，题目顺序与文中信息呈现的顺序一致，基本上是一个段落对应一道试题。

听力和阅读部分的测验时长为60—85分钟，每个考生作答的题目数量不完全相同，这也体现了剑桥领思考试系统作为自适应测验的一个重要特征。

写作部分考试时长为45分钟，包括两部分内容，其平均分作为写作成绩的总分。第一部分的题型为电子邮件写作。系统会提供一封电子邮件，考生需要根据题中给出的写作要点，撰写一封不少于50个单词的回复邮件。第二部分为长文本写作，考生需要根据考试系统给出的情景短文及写作要点，写一封信或者报告，字数不少于180字。这一字数要求相当于中国大学英语六级考试水平。这一部分采用的是电脑阅卷、自动评分，最终的结果会在12个小时内提供。其中，自动评分系统以剑桥大学在计算机学习方面的研究成果为依托，由剑桥自动化语言教学与测验学院（ALTA）、剑桥大学英语考评部和剑桥大学出版社的研究人员，专门为针对其他语言使用者的英语考试合作研发而成。因此，研发人员在开发作文自动评分系统时，可以使用剑桥学习者语料库。此语料库汇集了其他语言考生提交的真实答卷内容。此外，剑桥自动化语言教学与测验学院在做研究时一直追踪并采用前沿技术，确保了自动评分系统的技术先进性。

接下来，将介绍口语测验部分。图3-9至图3-12为口语测验部分题型展示。整个口语测验分为五个子部分：

面试、大声朗读、陈述 1、陈述 2 和交流活动。各子部分题目数量分别为 8 道、8 道、1 道、1 道和 5 道，且面试部分的前两道试题不计分。整个口语测验时间为 15 分钟，最终的结果会在 48 小时内给出。

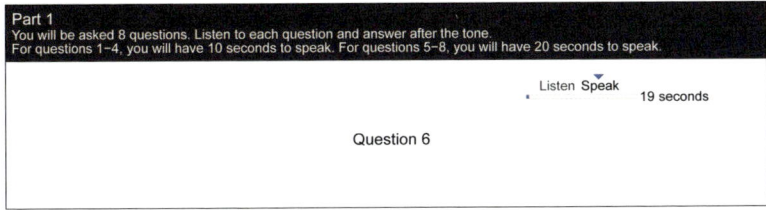

图 3-9　面试界面

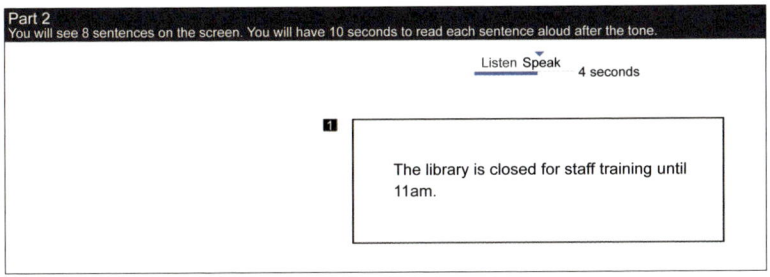

图 3-10　大声朗读界面

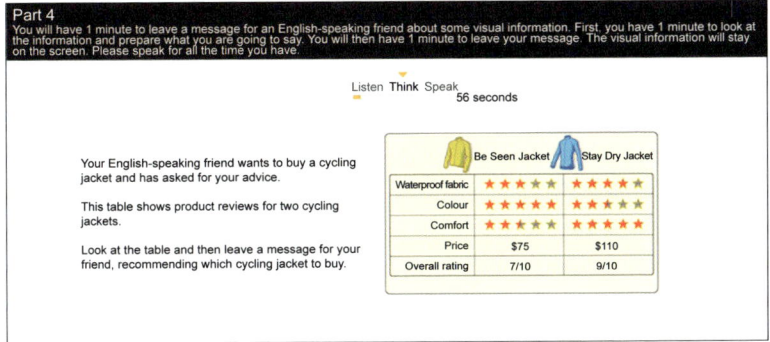

图 3-11　陈述界面

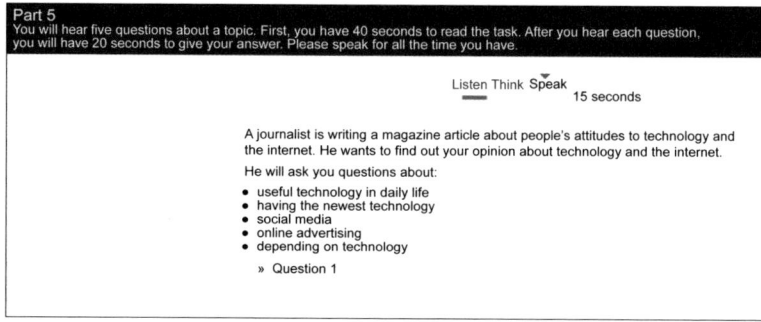

图 3-12 交流活动界面

面试部分考生需要回答 8 道问题，前 4 道问题会给被试各 10 秒钟的时间回答，后 4 道问题则会给出各 20 秒钟的作答时间，问题同样通过语音播放的形式呈现。

在大声朗读部分，系统会给出 8 个短句，考生需要大声朗读出来，每个短句给出 10 秒钟的回答时间。

陈述 1 部分，考生需要根据系统给定的某个话题及 3 个答题要点进行 1 分钟的陈述。在陈述前，被试有 40 秒钟的阅读题目和准备时间。

陈述 2 部分，系统会给考生提供一个或多个图形及任务要求，同样要求考生进行 1 分钟的陈述。相较于陈述 1 的 40 秒钟作答准备时间，此部分给考生提供了 1 分钟的阅读题目和思考时间。

交流活动部分，考生需要就系统提供的与某个话题相关的 5 个问题发表自己的观点，每个问题的作答时间为 20 秒钟，阅读问题时间为 40 秒钟。

在最后这一部分，我们将介绍测验后的结果报告。如前所述，听力和阅读部分的成绩在测验完成后便可知晓，而写作和口语部分需要专业人士进行评分，因此，整个测验结果报告会在48小时内出具。由此可见，在写作和口语的自动评分方面仍然存在很大的改进空间。如果这些方面得到实质性的改进，就可以实现写作和口语结果的实时报告了。

测验每一部分的得分都会与欧洲语言通用参考框架中的等级进行对应，具体如表3-1所示。

表3-1 分数-等级对应表

分数（分）	欧洲语言通用参考框架等级
>180	C1及以上
160—179	B2
140—159	B1
120—139	A2
100—119	A1
82—99	A1以下

此外，结果报告还会给考生提供每个部分的优点及缺点分析，个人测验结果报告样例如图3-13所示。其中，数字1部分表示的是考生的能力值处于欧洲语言通用参考框架中的哪一个等级；数字2部分表示的是考生每个部分的优点及不足；数字3部分表示的是考生每个部分的分值及其处于欧洲语言通用参考框架的哪一个等级。除了能够给出个人详细测验结果报告外，剑桥领思考试系统还能对团队成员进行评分，样例如图3-14所示。

剑桥大学英语考评部对剑桥领思考试系统有一系列的

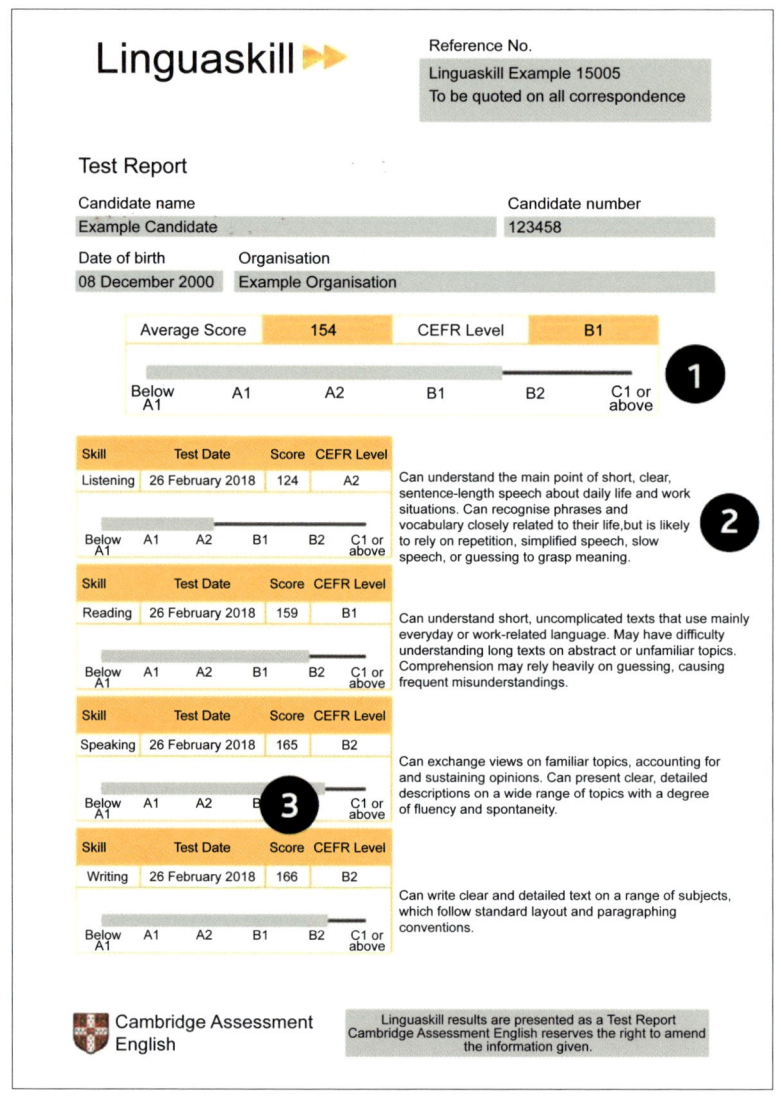

图 3-13　个人测验结果报告

改进计划,改进内容包括以下几个方面。

第一,语言测验的最终目标是为每个客户提供个性化考试,以便他们能自主评估想要测验的语言能力。未来,

三 智能化测验的四个应用场景

Candidate Details			Component Results								Average	
Candidate Login	Family Name	First Name	Listening Score	Listening Grade	Reading Score	Reading Grade	Speaking Score	Speaking Grade	Writing Score	Writing Grade	Score	CEFR Level
Example01	One	Candidate	163	B2	155	B1	148	B1	151	B1	154	B1
Example02	Two	Candidate	135	A2	141	B1	130	A2	122	A2	132	A2
Example03	Three	Candidate	173	B2	180+	C1 or above	176	B2	159	B1	173	B2
Example04	Four	Candidate	121	A2	104	A1	NR	NR	100	A1	101	A1
Example05	Five	Candidate	180+	C1 or above	180+	C1 or above	179	B2	175	B2	180+	C1 or above
Example06	Six	Candidate	156	B1	160	B2	138	A2	147	B1	150	B1
Example07	Seven	Candidate	113	A1	93	Below A1	94	Below A1	NR	NR	95	Below A1
Example08	Eight	Candidate	118	A1	127	A2	110	A1	99	Below A1	114	A1
Example09	Nine	Candidate	170	B2	180+	C1 or above	161	B2	156	B1	168	B2
Example10	Ten	Candidate	165	B2	138	A2	153	B1	144	B1	150	B1
Example11	Eleven	Candidate	180+	C1 or above	180+	C1 or above	169	B2	176	B2	178	B2

图 3-14 团队结果报告

剑桥大学英语考评部将与其合作伙伴和客户携手改进剑桥领思考试系统，进一步满足客户对该项测验的个性化需求。

第二，测验与其他元素的融合。其一，将语言测验融入日常学习中，以更深入、全面、有效地评估人们在真实环境中的表现。其二，借助人工智能实现教师和机器的良性结合。教师可以查看电脑的分析结果，针对全班学生或个别学生完善教学内容和辅导工作，从而提升其学习效果。

第三，智能对话系统。目前的口语测验是根据题目回答问题，未来剑桥大学英语考评部将开发人工智能对话系统，实现学习者或考生与电脑之间的人机对话。

第四，个性化学习体验。未来，剑桥大学英语考评部将通过利用更精细的测验信息，将考生的各类数据汇总在一起，给考生提供更好的贯穿整个学习过程的定制化学习支持方案，并根据学习进展合理调整期望值；或者通过进一步了解某考生群体语言水平的提升方式，给学习者提供建议，让其在特定学习环境中取得更大的进步。

第五，测验场地多样化。随着移动设备和可穿戴设备的普及，未来更多测验可以在考场外进行。

从这些改进计划可以看出，为了提升学生的考试体验，未来剑桥领思考试系统的研发方向是围绕计算机化自适应测验的基础设计，把各种硬件设备和技术渗透到包括语音识别、自动评分、结果可视化、人机交互对话等测验的不同环节。这些改进可以被看作传统的计算机化自适应测验在选拔考试应用中的发展迭代。可以看出，计算机化自适应测验在这个领域的应用仍然领先于其他领域。

个性化学习的引擎：智能化的认知诊断系统

我国《国家中长期教育改革和发展规划纲要（2010—2020年）》强调因材施教，关注学生的不同特点和个性差异，发展每个人的优势潜能。2016年教育部印发了《教育信息化"十三五"规划》，要求促进教育信息化全面深入应用，使教学更加个性化。2001年美国提出了《不让一个孩子掉队》法案，2009年美国总统奥巴马提出"力争上游"（Race to the Top）教改计划，这些都要求测验除了提供测验结果外，还能够给教师提供诊断信息。以上法案及政策的提出，凸显了学习诊断在教育教学中的重要地位。

为了回应这一重要需求，心理与教育测量界的研究者提出了认知诊断理论与模型，成为现代心理与教育测量研究的前沿话题。认知诊断是认知心理学和现代教育测量学相结合的产物。认知诊断的目的是测量/评价个体特定的知识结构(knowledge structure)和加工技能(processing skills)。

提出认知诊断这一概念的重要原因是，在传统的教育测量中，无论是经典测量理论、概化理论还是项目反应理论，主要是对被试宏观层次的能力水平进行测量，而忽略了对其微观内心加工过程的测量。例如，被试采用了哪些知识技能答对某道试题，从传统的测量结果中我们无从知晓；当被试答错某道试题时，是因为哪个知识点没有掌握，我们依旧没有办法知道；同样，当我们通过计算机化自适应测验测量出被试的能力水平后，对于取得相同能力水平值的被试，我们无法知道他们之间的差异在什么地方，也就无法提供有效的补救措施来有针对性地提升被试的能力水平。就像理科高考排名，我们通过比较学生的数学、英语、语文和理科综合成绩的高低来排名，只有当全部四门学科成绩都相同时，排名才会是一样的。所以，心理与教育测量理论试图按照以上思路解释学生在推理和解决问题过程中所用到的知识和技能，并提供关于学生知识与技能掌握方面的诊断信息。认知诊断是一种旨在探查心理过程的实质性的评估方法。不同于传统测验侧重评估学习结果，认知诊断侧重于评价学生的学习过程。

目前我国使用这一技术较为成熟的是台湾的因材网。因材网是由台湾教育主管部门整合跨部门资源，于2019年6月14日正式上线的人工智能数字学习平台。该平台采用人工智能技术，能够针对不同学生形成不同的补救路径，从而辅助教师教学，实现因材施教，因此取名为"因材网"。

因材网上的学习内容涉及九年一贯课程和十二年课纲。整个平台的功能主要包括知识结构学习、智慧适性诊断、互动式学习和21世纪核心素养培养。因材网是一个以知识结构为基础的学习系统，学习内容根据课程纲要进行编制，每门课程内容都用一张知识结构图来展示。知识结构图又称学科知识图谱。图3-15表示的是某门学科的知识图谱。学科知识图谱中的知识点之间存在着前后关系。例如，要先学加减乘除，才能学四则运算。

三 智能化测验的四个应用场景

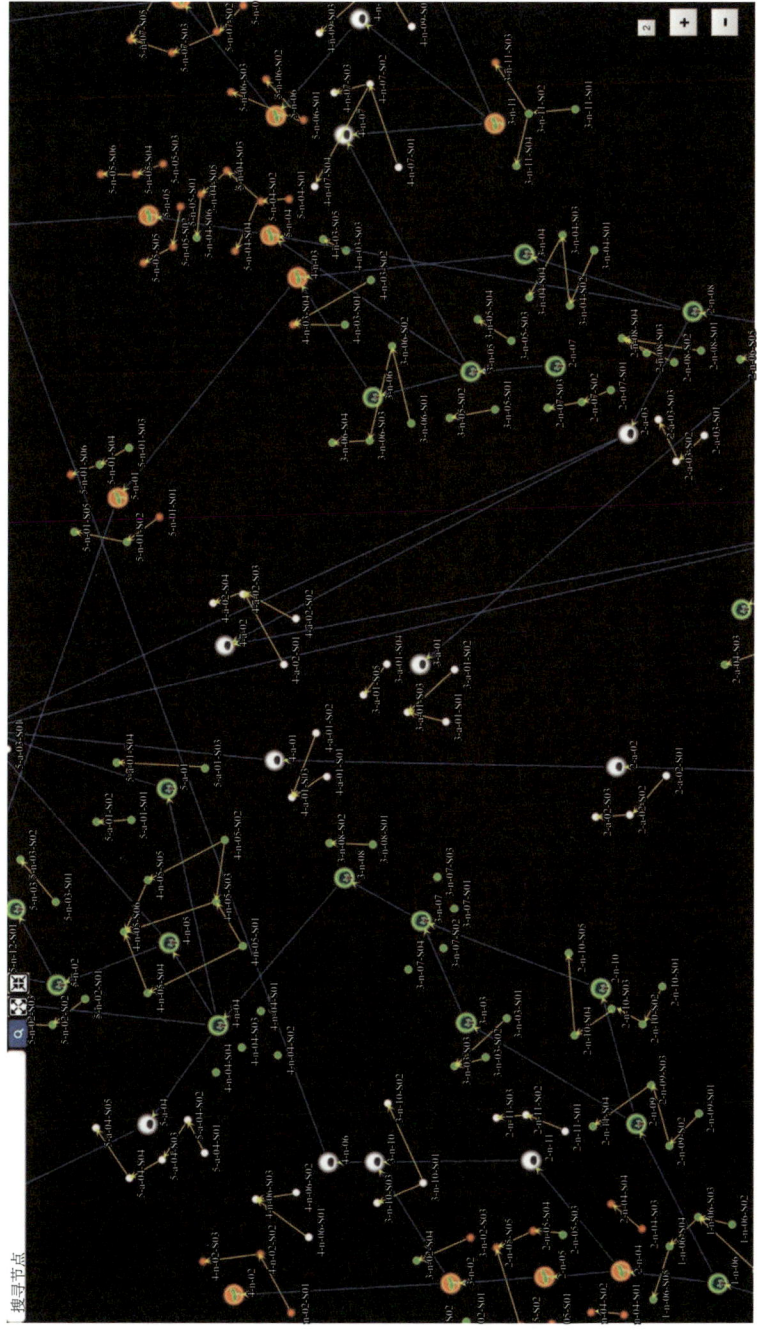

图 3-15 学科知识图谱

学科知识图谱代表概念所形成的路径或顺序。如图3-16所示,学生依照箭头指示方向依次向上进行学习。大圆圈表示能力节点,小圆圈表示子技能节点,二者为包含关系。图中不同颜色表示学生在诊断中显现的对知识点的不同熟练程度。绿色表示学生已经掌握该能力或子技能;黄色表示学生没有掌握或掌握不全该能力或子技能,需要进行干预补救;灰色则表示学生正在学习但未接受测验或者表示该项能力或子技能不是该年级学生需要掌握的。每个知识点内容基本上包括四个部分:教学视频、练习题、动态测评教学(动态评量)和互动教学。

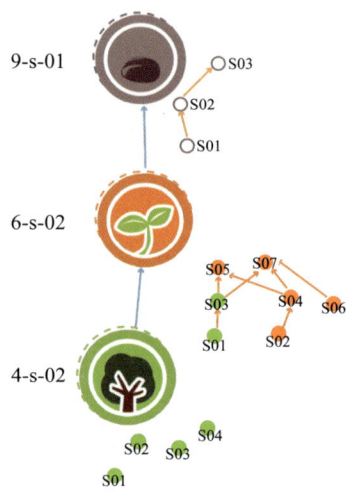

图3-16　知识结构

教学视频:每个知识点的讲授都是通过视频实现的。如图3-17[①]所示,学生在观看教学视频时,第一次无法进行快进操作,并且在视频学习的过程中会出现检查点,即

---

① 为便于读者阅读,本节因材网相关图片中的文字调整为简体字。

针对学生正在观看的视频提出一个问题让学生作答，学生作答完才能继续观看视频学习。该检查点除了能检查学生是否在学习外，还能帮助教师通过学生作答的情况了解全班学生在学习该知识点时是否存在困难。这样一来，教师只需讲解全班大部分学生学习或理解存在困难的知识点就可以了。在学习完视频后，如果学生在某个知识点上有疑问，还可以回顾之前学习的知识点，即页面左侧"向下扶助"所显示的内容。这些内容是与目前所学知识点相关的更低一级的知识点。如果学生已经完全掌握了这个知识点，那么他可以学习更高级的知识点，即"向上精进"所显示的内容。它显示的是与该知识点有关的更高一级的知识点。

练习题：视频学习完成之后学生需要回答习题，教师

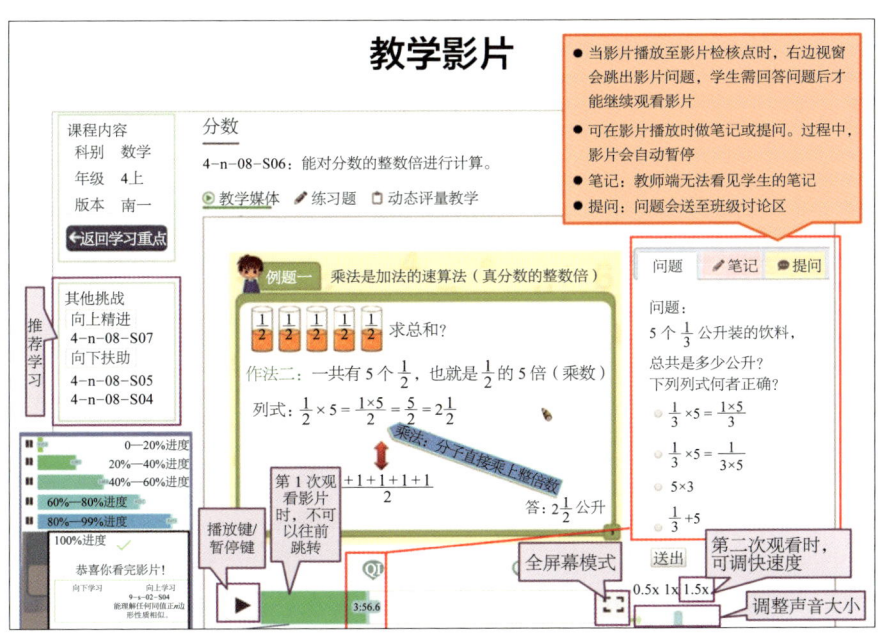

图3-17　教学视频截图

可以通过教师端了解某道习题哪些学生回答正确了，哪些学生回答错误。

　　动态测评教学（动态评量）：简单来说，就是边测验边教学。如图 3-18 所示，如果学生第一次选择了错误选项，那么系统会给他一个小提示；如果学生第二次选择的还是错误选项，那么系统会给出一个比较详细的提示；如果学生选到只剩下正确选项时，系统则不再给出提示，而会针对当前错误选项涉及的知识点进行教学。

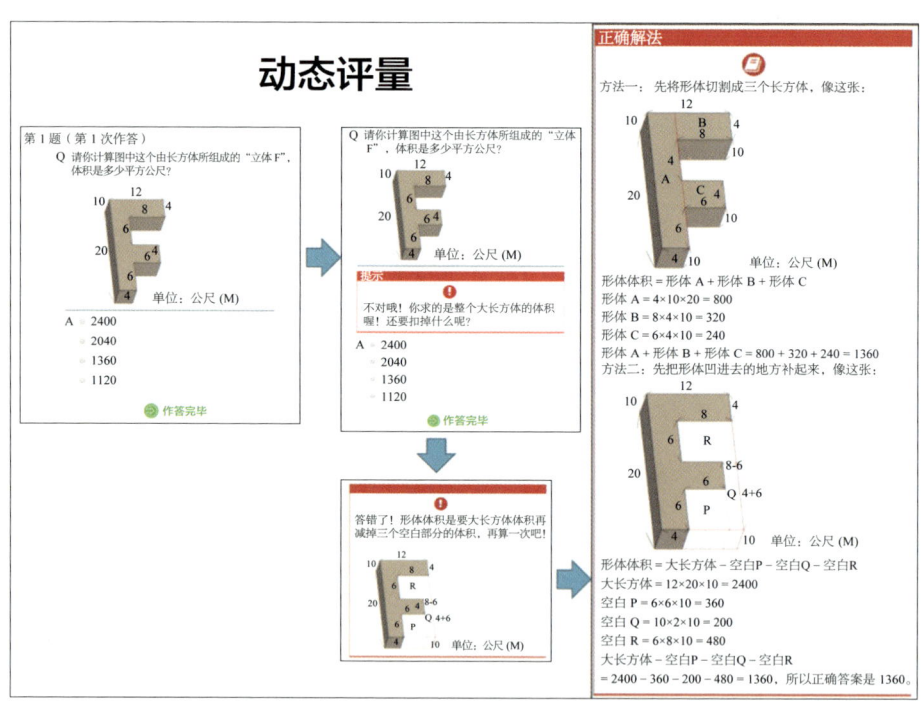

图 3-18　动态测评教学截图

　　互动教学：当学生在作答的过程中遇到困难时，系统会给出相应的提示，提供解题思路。

学生可以查看自己的学习成长记录，包括已完成的进度、本周新增的进度和尚未学习的内容。

教师可以查看每个学生在每个知识点上的视频浏览报告：系统会通过不同颜色来表示学生的视频学习情况，视频中的某个时间段观看次数越多，颜色越深。这样教师就能知道学生在哪些地方存在问题，可以针对这部分内容进行教学干预。

班级讨论：学生在观看视频时可以提问，提出的问题会放到班级讨论区，供班级的学生进行讨论。

奖励：教师可以选择奖励项目并依照学生表现给予奖励点数或是扣除点数，学生可以利用代币进行班级经营和奖品兑换。例如，当学生观看完视频及答对题目时可以获得代币；当某个同学回答出其他同学在学习过程中遇到的问题时，也可以获得代币。

分组：教师可以按照需求将班级学生分组。

教师可以借助这样一个平台开展翻转教学：在课前设计相应的任务让学生完成，通过观看视频浏览报告去调整教学内容；课堂中可以就学生发布的问题进行讨论并分享学生的学习心得。

此系统最重要的一个功能便是自适应诊断测验（因材网使用了自适应认知诊断技术）。因每个学生对知识的掌握情况不同，系统生成的补救路径也会有所不同。举个简单的例子，图3-19表示的是某年级的两个学生对涉及同一知识点的问题的作答情况。当我们通过测验测量出两个学生在涉及"利用等腰三角形的特性求出未知角度"和"找出等腰三角形"两个知识点的题目上均未作答正确时，接下来会对"认识等腰直角三角形"和"辨别等腰三角形"这两个相关知识点进行测量，结果发现：左边的学生对这两个问题均作答正确，那么我们可以认为，该生已经掌握最底层的四个知识点；而右边的学生还是没有作答正确，那么我们就要针对四个底层知识点进行测量，结果发现右边学生没有掌握"认识直角三角形"这一知识点，导致了涉及上面两层知识点的题目未能正确作答。由此我们可以根据这一情况，针对不同学生出现的问题，提供不同的补救路径。

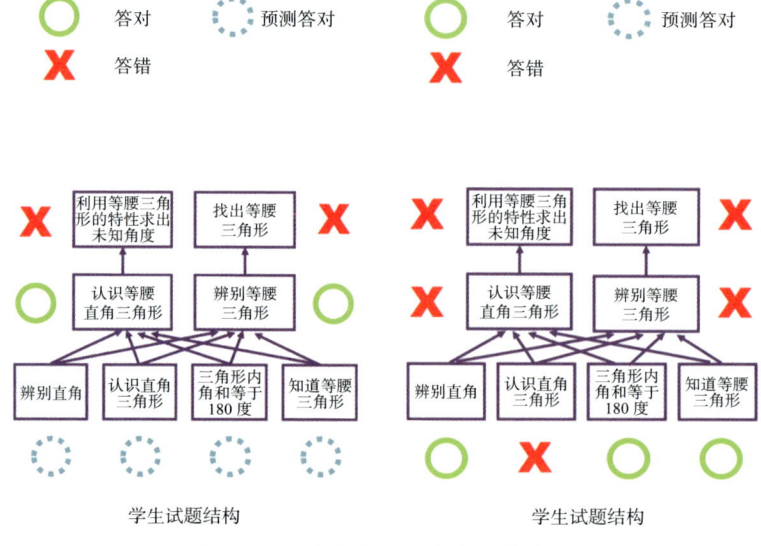

图3-19　某年级两个学生作答情况

自适应诊断测验的方式包括两种：单元诊断测验和纵贯诊断测验。

单元诊断测验：教师发布单元诊断测验（见图3-20），学生测验完毕后，系统会出具诊断报告（见图3-21）。依

三 智能化测验的四个应用场景

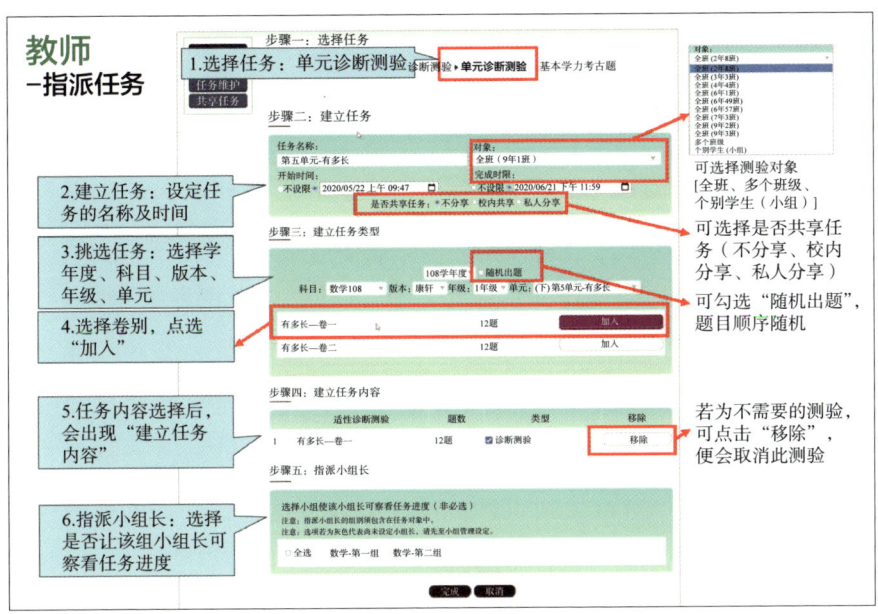

图 3-20 单元诊断测验

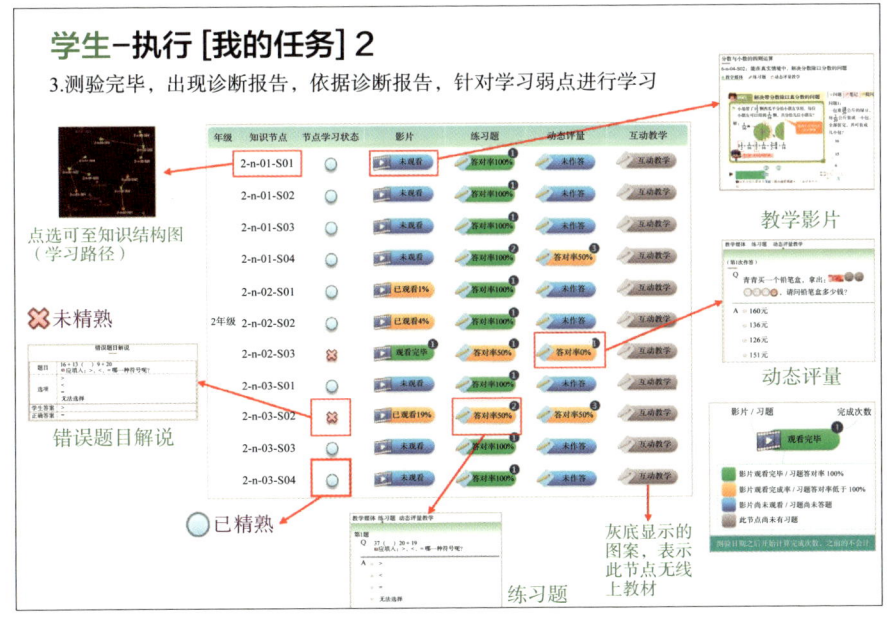

图 3-21 单元诊断测验诊断报告

77

据诊断报告的建议，学生针对学习弱点进行学习。学习的方式与知识结构的学习方式相同。

纵贯诊断测验：如图 3-22 所示，该测验模式与单元诊断测验模式的不同之处在于，单元诊断测验只测验某门课程的某个单元的学习内容，而纵贯诊断测验可以"向下"进行诊断测验，即可以对低年级的知识进行诊断测验。例如，五年级某章节的知识可能涉及四年级、三年级、二年级甚至一年级的知识。采用纵贯诊断测验，便可测出学生是哪个年级的哪个知识技能没有掌握，学生可以根据诊断报告（见图 3-23）对相关知识进行再次学习，这是认知诊断的智慧化测验运用的一个典型案例。

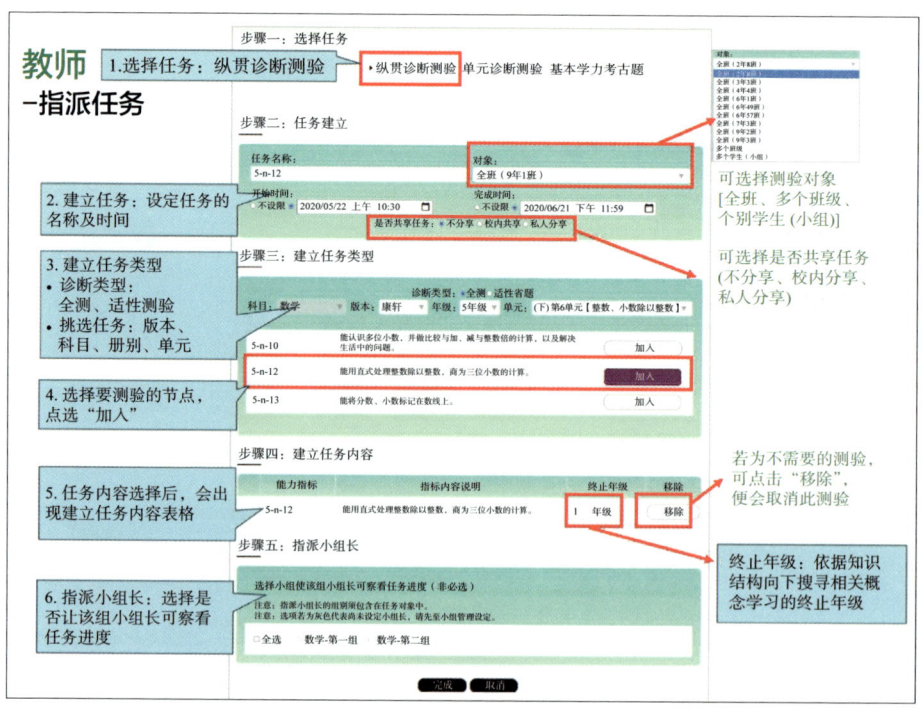

图 3-22　纵贯诊断测验

三　智能化测验的四个应用场景

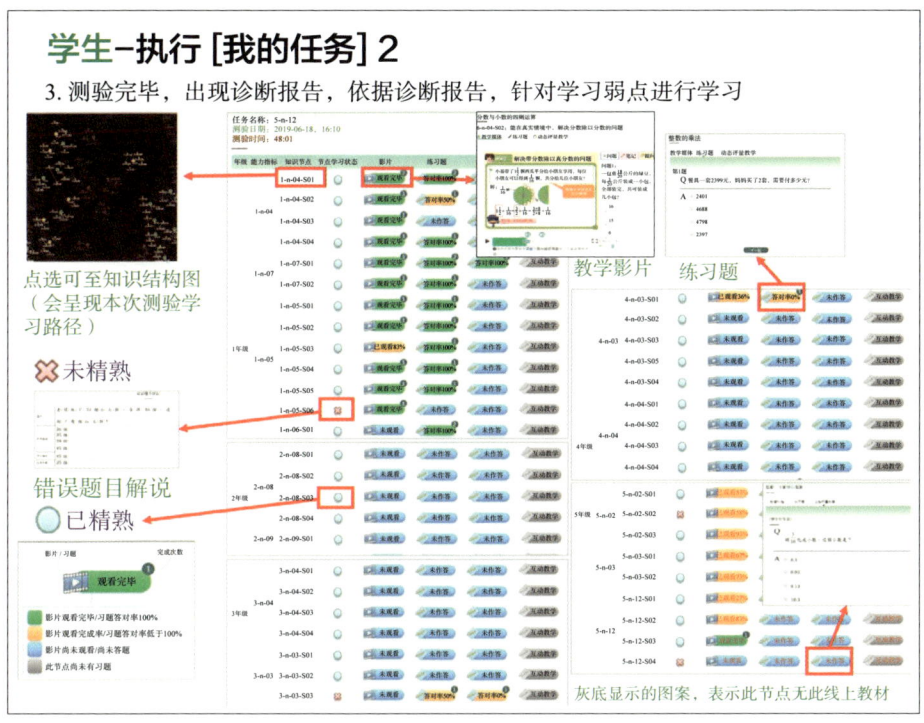

图 3-23　纵贯诊断测验结果报告

互动式学习：借助人工智能和自然语言处理等技术，人们构建出虚拟机器人。机器人可以负责答疑解惑，学生可以在机器人的帮助下完成学习。

因材网的案例向我们展示了测验技术在自适应学习中的作用与可能性。这是心理与教育测量领域研究、应用的重大转向。一般来说，测验用于人的排名、选拔、安置，关注的是考生的总体水平以及在群体中的排序。但是认知诊断关注的是学生的学习，测验的结果主要用于诊断个体技能与知识的掌握情况。这个新型的测验技术模糊了测验与学习的边界，展现了测验与学习深度融合的一种全新可能。

专业人士的守护神：职业资格考试

除了运用在教育领域外，在职业资格考试中也能找到计算机化自适应测验的影子。例如，美国注册护士执照考试和统一注册会计师考试都使用了计算机化自适应测验技术。接下来，我们将简要介绍在以上两种职业资格考试中计算机化自适应测验技术的具体应用。

美国注册护士执照考试

要在美国任何一个州或特区合法从事注册护士工作，就必须取得该州的执照。要获得注册护士执照，必须向该州申请参加并通过美国注册护士执照考试。美国注册护士执照考试的内容是按照美国护校新毕业生应具有的知识和能力而拟定的，分为护理理论和临床两部分，涉及护理工作的五个传统领域，即内科、外科、产科、儿科和精神科。该考试采取整体综合性考试，而不是各科目分科考试。每一道题都是用综合了各科内容的临床案例形式来展示的。例如，一个12岁的女孩，本身有1型糖尿病，同时还有进食障碍。以该个案为例，12岁儿童属于儿科诊治范围，1型糖尿病属于内科诊治范围，而进食障碍则属于精神科诊治范围。就此案例而言，我们在提供护理时，绝对没有办法分科，而是要从病人的实际需要出发进行综合考察。

从1994年4月开始，美国注册护士执照考试不再采用传统的纸笔测验形式，转而使用计算机化自适应测验的形式。考试的题型与传统纸笔测验的题型相同，考生不需要熟练掌握计算机知识。根据计算机化自适应测验的原理可知，系统呈现的下一道试题都是依据考生前一道试题作答情况决定的，系统会选择不同难度的试题让考生作答。如果考生回答正确，系统将提高下一道试题的难度，反之则降低考题难度。考试成绩是由回答正确的考题的难度而非其数量来决定的。若答对题目的难度超过设定的考试通过标准，在答完基本题数后，系统就会自动终止测验，该考生考试结束。反之，若考生答对题目的难度偏低，未达到标准，系统也会在考生答完基本题数后自动停止测验。

美国注册护士执照考试题目的类型为单项选择题，即从四个选项中选择一个正确答案。考生作答题目的数量由考生作答情况决定，最少75道，最多265道。整个考试时长为5小时，考试开始2小时后有10分钟的休息时间。电脑屏幕上每次只显示一道题目，考生必须作答，否则下一道题目将无法在电脑屏幕上显示。同时，考生已经回答的题目是没有办法进行回看和修改答案的。在正式考试前，系统会给出3道样本题，以引导考生使用电脑答题。在确定考生学会使用该系统答题后，系统才会呈现正式考题。

统一注册会计师考试

1917年，通过统一注册会计师考试成为获得注册会计师执照的必要条件。考试内容包括一系列审计、会计和商法方面的问题，试卷由美国注册会计师委员会的成员进行评分。在20世纪90年代初的报考高峰期,每年有超过30万名考生参加统一注册会计师考试。2004年以后,统一注册会计师考试每年举行两次。

从20世纪90年代中期开始,人们考虑将统一注册会计师考试从纸笔考试转变为可以用计算机管理的考试。考试委员会探讨了以计算机为基础的形式,来测验必要的注册会计师技能。其中有些技能(如在线研究会计准则的能力)在纸笔考试中无法测量,只能通过信息技术工具实现。基于计算机的测验的其他优势也被考虑在内,例如通过在多种表格上提供扰乱内容来提高考试的安全性,在更多的考试中心实施统一的安全监考,提高测验适应性,减少测验时间,以及允许考生灵活安排测验的时间。

在对实施以计算机为基础的统一注册会计师考试的可行性进行了大量研究,并与主要利益相关者讨论了这些结论之后,美国注册会计师委员会和全国各州会计委员会协会(National Association of State Boards of Accountancy,NASBA)成立了计算机化联合实施委员会,按照各州会计委员会、美国注册会计师委员会和注册会计师候选人的要求,规划和执行从纸笔考试向以计算机为基础的考试过渡。经过近9年的研究、讨论、规划和发展,2004年4月5日,全国性的计算机化统一注册会计师考试开始实施。

自2004年起,统一注册会计师考试总共需要花费14小时,每个部分最多需要4.5小时就能够完成,具体情况如图3-24所示。真正用于统一注册会计师考试的时间为4

小时，另外0.5小时用于5分钟的欢迎/输入启动代码，5分钟的政策声明、保密协议及考试说明，15分钟的休息时间（考试计时中止），最后还有5分钟的问卷调查。此外，考生还可以在每个题组作答结束后休息，但此时考试计时不中止。

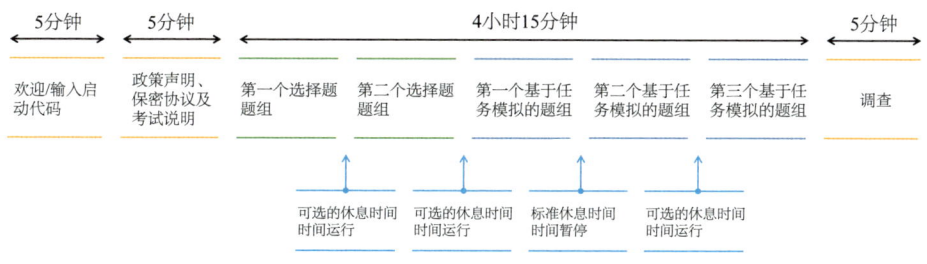

图3-24 每个部分的时间安排

整个统一注册会计师考试内容包括四个部分：审计和认证、商业环境和概念、财务会计和报告以及法规。四个大的部分又分别分成了五个较小的部分，其中审计和认证、财务会计和报告以及法规部分包含两个题组的选择题和三个基于任务的测验；而商业环境和概念部分只有两个基于任务的测验，但增加了书面交流测验模块。考生必须在通过第一部分考试后的18个月内通过其他三大部分的考试，这样才能满足获取注册会计师执照的一部分要求。测验的每个部分都是单独管理的，并且各自有一个独特的合格要求。如果完成四个部分测验的时间超过18个月，那么第一项完成的测验成绩将作废，考生必须重新参加这项考试，直到在18个月的滚动窗口期内通过所有四个科目的考试为止。

下面简要介绍统一注册会计师考试的界面。

（1）欢迎/输入启动代码。如图3-25所示，考生须输入 7 位数字的启动代码以验证个人信息是否正确。

（2）政策声明、保密协议以及考试说明。具体说明如图 3-26 所示。

（3）答题界面。如图 3-27 所示，第一行显示的是考试主题和五个需要作答的题组（testlet）。考生只有提交了前一个题组的答案才能进入后一个题组的作答；并且，考生不能修改已经提交的题组答案。但是，考生可以自由选择题组内的题目作答顺序，在提交某个题组答案之前，可以自由修改题组内任何一题的答案。

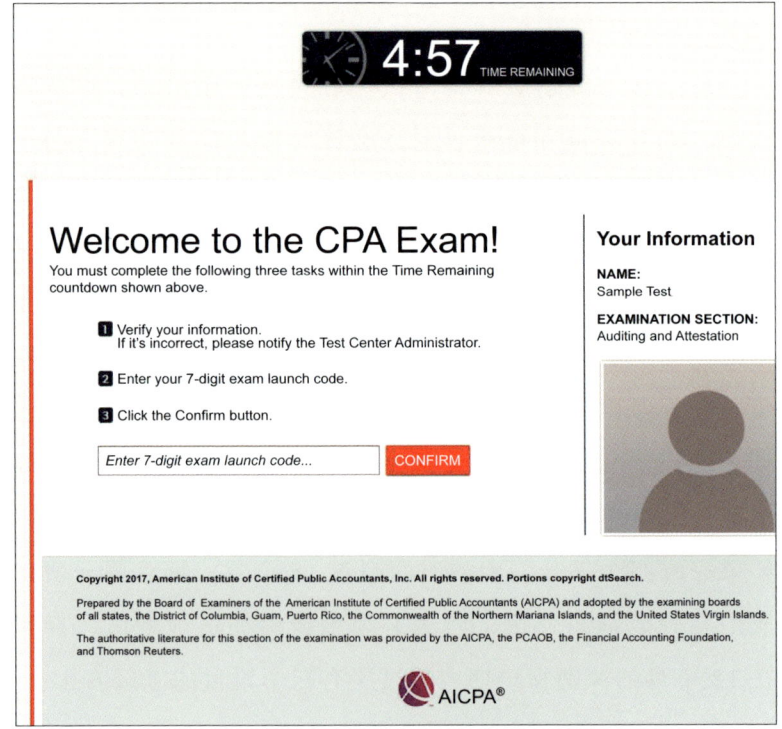

图 3-25　欢迎/输入启动代码

图 3-26 政策协议及考试说明

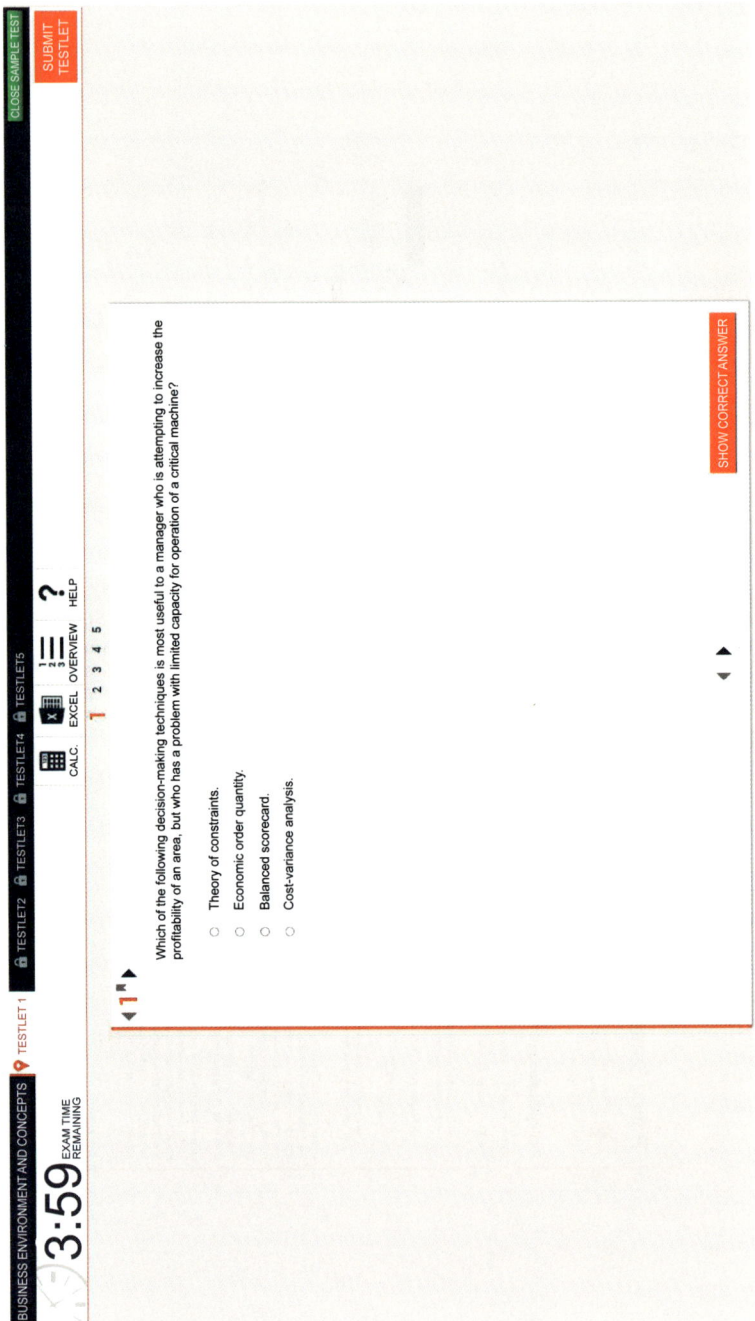

图3-27 选择题界面

（4）可选择性中止。当某个小部分答案被提交后，系统会弹出提示窗口询问考生是否需要休息，并且会告诉考生考试时间是否会暂时中止等信息。

（5）基于任务的测验。图 3-28 显示的是要求考生作答的一道基于任务的测验题目。具体的题目信息可以通过点击相关链接进行查看。

（6）书面交流测验。该部分让考生根据题目要求写一封邮件（见图 3-29）。

通过对上面例子的介绍，细心的读者不难发现，统一注册会计师考试与前面介绍的计算机化测验有一个明显的区别：计算机每一次选出一个题组（由若干个题目组成），而不是选出一道题目。这种一次选出一个题组的计算机化自适应测验叫作多阶段自适应测验，是计算机化自适应测验的一个变体。

统一注册会计师考试是一项高风险、高知名度的考试，具有悠久的历史。要对这样一项考试进行任何变革，更不用说进行如此大规模的变革，都需要一个严谨、全面的计划，需要成千上万名参与者（注册会计师、大学教师、心理测量师和大量学生）的投入。计算机化的过程对这些利益相关者来说是透明的，关键的决定也是由行业和监管机构的代表一起审议并通过的。决定对统一注册会计师考试的单项选择题部分采用计算机化多阶段自适应测验模式，就是多方合作的一个例子。

多阶段自适应测验是一种结构化的自适应测验，它采用预组的子测验作为测验管理的基本单位。与项目层面的

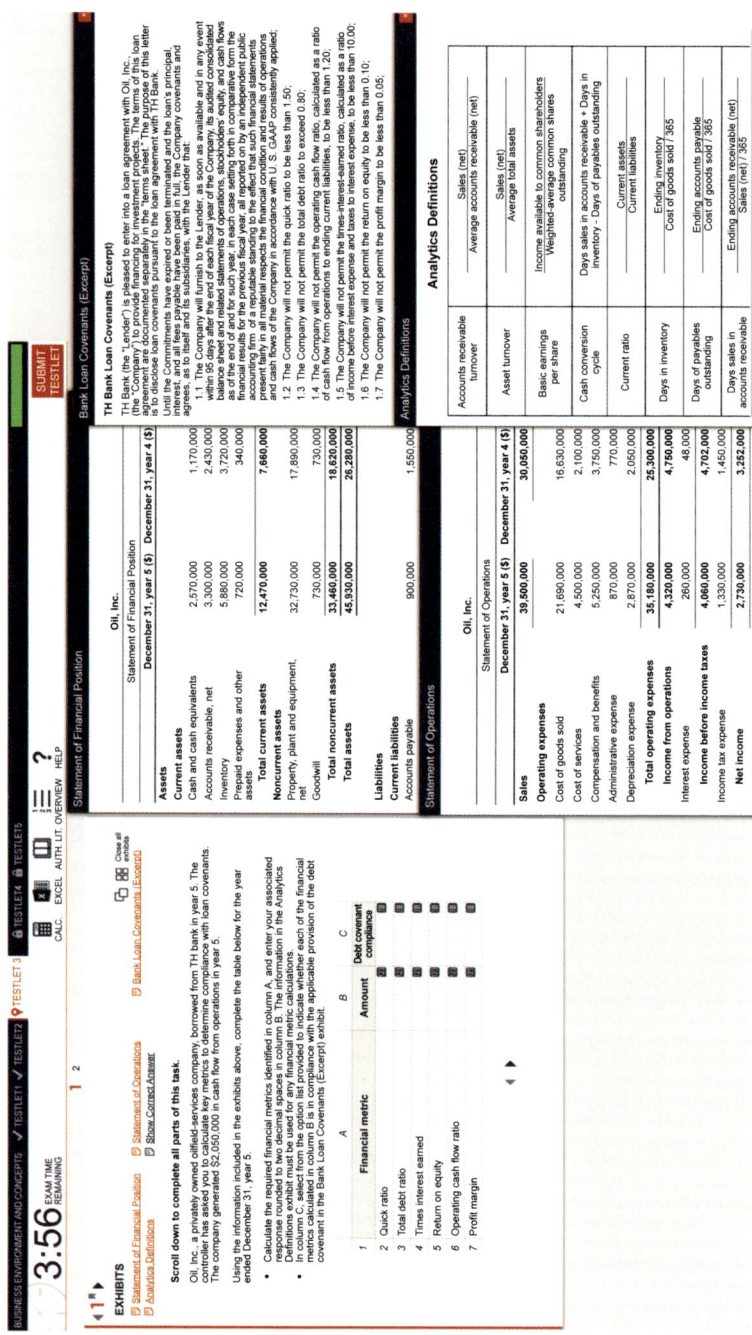

图 3-28 基于任务的测验

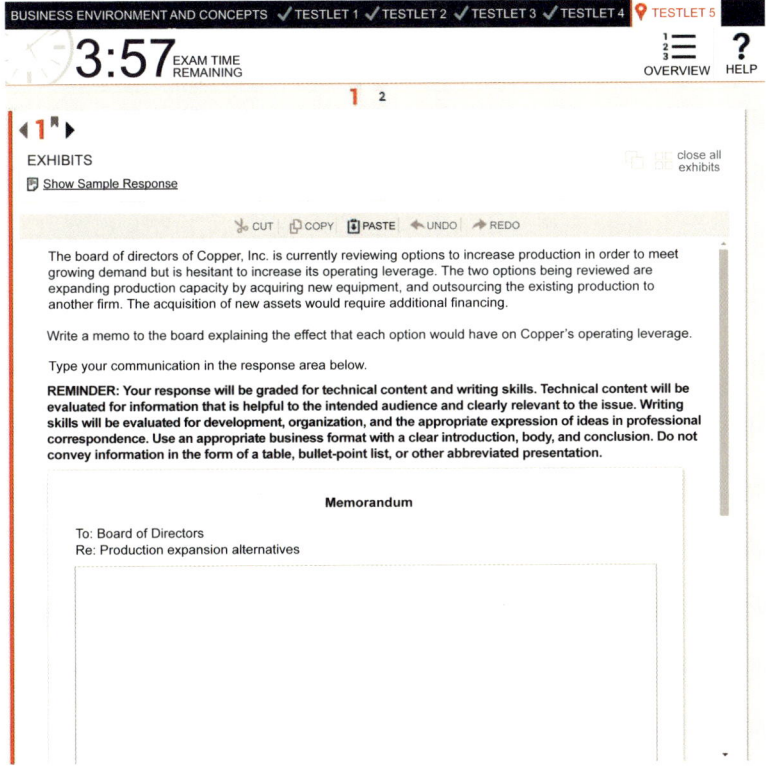

图 3-29　书面交流测验

计算机化自适应测验不同的是，多阶段自适应测验使用模块化的预构建子测验和嵌入式的分数路由方案。最常见的多阶段自适应测验为三阶段自适应测验（见图 3-30）。

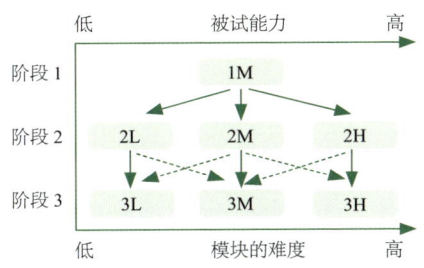

图 3-30　三阶段自适应测验

接下来，让我们对多阶段自适应测验做一个简短的介绍。参加考试的考生首先要回答一组选择题，其中包括一个简短的路由测验或子测验。路由测验由项目库中中等难度的项目组合而成，当考生作答完第一个路由测验的试题后，系统会产生新的子测验。在任何一个子测验中，考生都可以反复修改答案，但在完成子测验后将被限制修改答案。

在完成路由测验后，考生会看到第二个子测验。这个子测验是根据考生在路由测验中的表现，依据难度水平来选择的。此外，考生必须完成的后续子测验的数量将取决于所需的测验长度、题目类型以及测验成绩。在任何一个多阶段自适应测验中，子测验的构建和选择都是基于项目的统计特性和对项目难度的估计决定的。

第二个子测验是根据考生在路由测验中的表现选择的，而第三个子测验则是根据考生在前两个子测验中的表现选择的。为了选择未来的子测验，项目的评分可能基于作答正确与否或更复杂的评分方案，如项目反应理论能力估计。在多阶段自适应测验中，各子测验的分数是累计的，从而获得对考生能力值的临时估计，用于为该考生选择下一个子测验。这些临时分数会与路由测验分数进行比较，路由测验分数决定了考生是否被安排到难度较高或较低的后续子测验中。

多阶段自适应测验可以根据考生的能力进行一些调整或定制，同时允许考生在考试过程中反复修改子测验的答案。这种测验的另一个好处是，在向考生发放测验表格之前，可以对这些表格进行审查和验证。

多阶段自适应测验根据考生的能力水平进行调整，具有一定的效率，在限定的测验时间内，可以得到更精确的分数。然而，它的效率仍然不如计算机化自适应测验高，因为在计算机化自适应测验中，每个测验项目都会发生适应性调整。不过，在给定题库大小的情况下，由于可以建立各种不同的形式并在模块水平上进行重叠，多阶段自适应测验确实允许测验开发者创建更多样化的形式。

众里寻他/她：人才选拔测试

人才测验是现代人力资源管理中的一项专门技术，旨在通过对应聘者各方面综合素质的测量与评价，为企业选拔人才提供参考。正如基于智能化测验的高利害考试的目的是从众多被试中挑选出符合一定条件的被试，对于企业人才招聘来说，其目的便是筛选出满足某个职位要求的人才。为了缩短招聘所花费的时间，同时满足选拔的可信度、准确度和有效性要求，许多企业会选择专门机构提供的全方位测验服务。国内外有几家机构提供了这样的专业服务，例如北森、智鼎在线和 SHL 等。这些公司利用现代信息技术，开发庞大的人才选拔系统，其中都会引入计算机化自适应测验元素，以提高人才选拔的效率。

北森的测评系统

北森是一家人力资源科技公司，拥有国内一体化人力资源软件即服务（Software-as-a-Service，SaaS）和人才管理平台——iTalentX，为客户提供包含云端人力资源软件、人才管理技术和平台在内的端到端整体解决方案。北森将人才管理专业技术和云计算技术融合，为企业提供覆盖测验、招聘、绩效、组织人事、薪酬、假勤、继任、调查、入职等人力资源业务全流程的一体化SaaS软件和服务，并通过自有平台满足中大型企业个性化需求以及自主开发需求。

北森人力管理研究院推出的北森能力倾向计算机化自适应测验（Computerized Adaptive Test for Ability，CATA）是国内唯一被国际计算机化自适应测验协会（the International Association for Computerized Adaptive Testing，IACAT）收录的产品。该测验系统通过最新的测验技术手段，快速高效地评价候选人的认知能力，平均作答时间仅需21分钟。北森之所以推出这一认知能力测验产品，是因为认知能力仍然是未来绩效最好的预测变量之一。

早期的能力测验在大批量招聘的过程中同样会遇到泄题、应聘者作答体验不佳以及测量准确性不高等问题。北森推出的能力倾向计算机化自适应测验有效地解决了上述问题。其流程如图3-31所示。第一步是进行初始题的选择；第二步是通过初始题的作答数据，估计被试能力初值；第三步是通过选题策略为不同的被试呈现不同的题目；第四步是通过第三步中的作答数据更新被试的能力值；最后，当符合终止规则时停止测验。因此，每位应聘者会呈现出不同的作答路径（见图3-32），也可能作答不同数量的试题。这种方式能有效地减少舞弊现象的发生，并且能够通过少量的题目准确测量应聘者的认知能力，为公司的招聘节省不少时间。图3-33表示的是系统为A和B两位应聘者选择的作答项目的难度分布情况，在应聘者约作答了12道试题后，系统为其选择的项目的难度趋于稳定，也越来越接近于应聘者真实的能力值。据多家与北森合作的公司反馈，能力倾向计算机化自适应测验具有良好的区分效果。

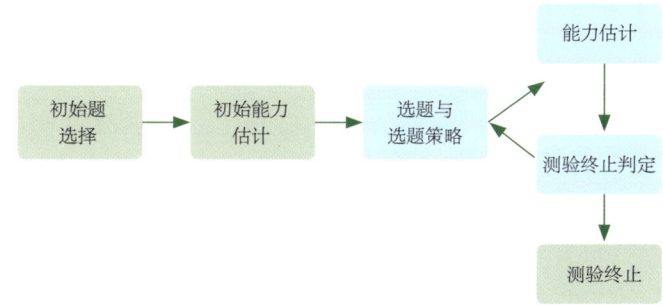

图3-31　CATA流程

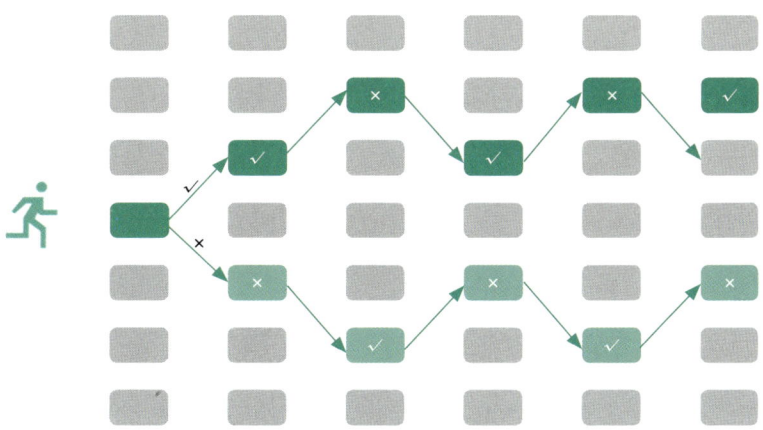

图3-32　应聘者不同的答题路径

北森人力管理研究院不仅将计算机化自适应测验应用于传统的认知能力测查，同时还将这一技术应用于更加高级

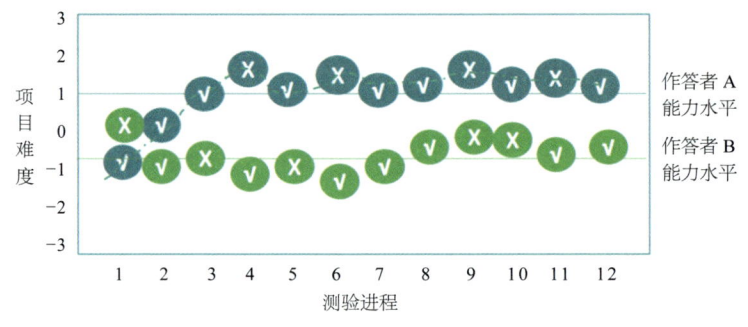

图 3-33　A 和 B 两位应聘者能力水平

的复杂能力的测查。随着社会的发展，企业面临的问题越来越复杂，复杂问题解决能力已经成为企业优秀管理者评价指标之一。为此，北森推出了新一代复杂问题解决能力评估工具——基于交互式情境模拟测验（Problem-solving Interactive Smart Assessment，PISA）。该测验工具采用计算机模拟日常生活和企业经营中的真实问题情境，候选人通过与真实情境互动解决实际问题，系统会自动记录候选人解决问题的行为，从而评估候选人的真实能力。

基于交互式情境模拟测验对候选人复杂问题解决能力的评价，不仅有整体水平评价，还有对理解问题细节、洞察问题全貌和构建实施方案三个子维度水平的评价，以及对"控制观察策略""方案多样性""问题解决意志力"等多项问题解决策略和风格偏好的评估。可以说，基于交互式情境模拟测验是较为完整的复杂问题解决能力的评估方案。

北森在其产品介绍中提出了基于交互式情境模拟测验

的四大优势。

一是既注重结果，又重视过程。在候选人作答的过程中，其点击、拖动等所有交互动作都会被记录和分析，以提取出候选人解决问题的行为模式。

二是沉浸式设计，作答体验好。该测验采用的是交互式情境模拟设计，候选人的作答体验与玩游戏类似，更易专注。

三是使用自适应技术，缩短作答时间。基于交互式情境模拟测验采用了多阶段自适应测验技术，用少量的题目（宣传称只要6—7道题目）就可以获得较为准确的评估结果，20分钟便可完成测验。

四是监督作答状态，结果更可信。基于交互式情境模拟测验同时考虑了候选人作答结果和过程，只有结果没有过程时，报告会给出"疑似作弊，作答时间短，缺少过程数据"的提示，提高结果可信度。

智鼎在线的测评系统

前程无忧旗下的智鼎在线于2019年推出了思维能力自适应测验。该测验工具基于项目反应理论并采用多阶段自适应测验技术，能够根据应聘者当前的作答情况，从题库中抽取符合其能力水平的下一阶段题目。测验工具通过考察应聘者发现、分析和应用信息的基本思维能力，预测其学习新知识、新技能以及理解复杂问题等方面的实际表现，可应用于企业人员盘点、内部选拔、社会招聘以及校园招聘。

思维能力自适应测验具有三种不同时长的版本,每个版本提供了默认的题型配置,企业也可自行修改默认配置。具体内容如表 3-2 所示。

表 3-2　三种不同版本的测验

版本	题型数	默认题型配置				总计
		数字	言语	图形	资料	
40 分钟版	4 种	7 题 9 分钟	7 题 9 分钟	7 题 9 分钟	9 题 15 分钟	30 题 42 分钟
30 分钟版	3 种	7 题 9 分钟	7 题 9 分钟	/	9 题 15 分钟	23 题 33 分钟
20 分钟版	2 种	/	/	7 题 9 分钟	9 题 15 分钟	16 题 24 分钟

该测验工具有如下特点。

(1)自适应选题:系统根据候选人的作答情况,自适应地选择符合其能力水平的下一阶段题目。

(2)快速筛选:系统能够在短时间内发现思维上有较高潜力的候选人,淘汰思维潜力不足的候选人。

(3)随机策略:实行平行题组随机组卷,约 5000 人中才会有 2 份完全相同的试卷,保证测验的公平性。

(4)结果可靠:题库中题目参数的标定基于 200 万份在线测验数据,区分校招、社招,结果具有参照价值。

(5)支持中英文版报告,中文版测验报告如图 3-34 所示。

综合结果

姓名：张伟　　完成情况：23/23　　作答时间：33/33 分钟

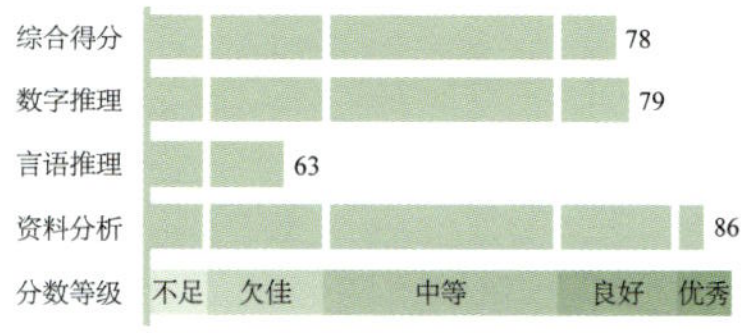

综合得分
数字推理
言语推理
资料分析
分数等级
78
79
63
86
不足
欠佳
中等
良好
优秀

张伟的综合成绩高于常模群体 80% 的人，反映其思维能力良好。

对张伟的综合评价如下：

张伟在日常工作中可能的表现：

- 拥有良好的记忆策略和记忆力；
- 能有效控制自己的注意力，坚持较长时间；
- 能较快掌握新知识和规律，并应用于解决实际问题；
- 能较快地领会和理解他人所表达的意思；
- 分析问题条理清晰，能用事实或数据支持自己的观点。

张伟在解决具体问题时可能的表现：

- 能较快从大量信息中识别和筛选出重要信息；
- 能运用策略分析和比较信息，发现关键问题；
- 思维活跃，遇到问题时能在短时间内想出处理方法；
- 注意对解决问题的方案进行分析，找到最佳方案；
- 能通过综合分析形成结论，并预测可能的结果。

详细结果

数字推理

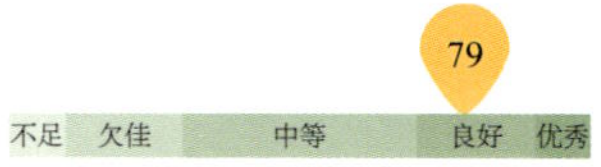

79
不足
欠佳
中等
良好
优秀

张伟的数字推理成绩高于常模群体 82% 的人。

说明张伟对数字间的数量关系敏感，具有良好的数字化逻辑推理能力，能较快地发现复杂的数量关系，能够胜任需要对数量关系进行分析的工作。

言语推理

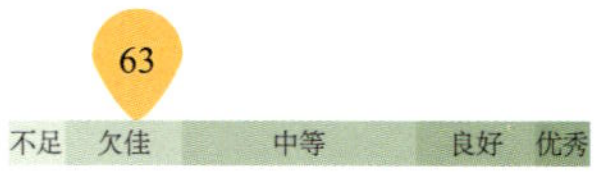

63
不足
欠佳
中等
良好
优秀

张伟的言语推理成绩高于常模群体 23% 的人。

说明张伟的推理论证能力尚待提高，只能理解简单的逻辑关系；可以找到一些简单的逻辑线索，并进行推理，但较难在短时间内理解复杂信息的内在逻辑结构和关系。

资料分析

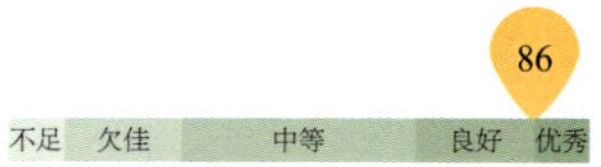

86
不足
欠佳
中等
良好
优秀

张伟的资料分析成绩高于常模群体 95% 的人。

说明张伟具有优异的资料分析能力，能迅速领会图表、数据和文字等信息所代表的意义和它们之间的关系，从繁杂的信息中迅速找出与问题相关的关键信息，并使用恰当的数据正确高效地解决相应问题；能通过对资料的分析总结、概括推导出恰当的结论，发现变化趋势，并做出可靠的预测。

图 3-34　中文版测验报告

SHL 的测评系统

SHL 是全球权威的人才测验内容提供商，在中国有 120 家世界 500 强企业正在使用 SHL 测验内容进行企业的招募考试和岗位人员评估。SHL 使用 30 种语言，在超过 50 个国家，为超过 10000 家企业用户提供个性化测验服务。30 年来，SHL 一直致力于向客户提供客观评估工具，是全球最大、最专业的个性测验提供方，核心业务是提供个性测验及能力测验。

公司一般会从知识、技术、认知和性格／潜力四个方面来考查应聘者。其中，在认知能力测验部分，SHL 采用了计算机化自适应测验技术来提升测验区分度并在招聘前期对应聘者进行快速筛选。这样不仅保证了预测精度，还缩短了测验所花费的时间。在 SHL 的官方网站上，我们可以查看向不同职位、不同级别的人员推荐的测验内容（见图 3-35），而且能看到该测验是否使用了自适应测验。总体而言，通过 SHL 的测验产品组合，企业可对应聘者的职场行为、能力和技能进行精准的评价，从而预测其未来取得成功的可能性。

以上列举的几款人才测验产品采用的都是计算机化自适应测验。这种技术之所以能够被广泛使用，是因为虽然人才测验领域涉及的测验维度很多，但认知测验仍然是最高行为测验，因此其范式与教育领域测验类似。同时，我们能看到人才测验领域已经注意与信息化技术的深度融合，在越来越多的环节中渗透自适应测验技术与信息化技术赋能的新型测验项目。

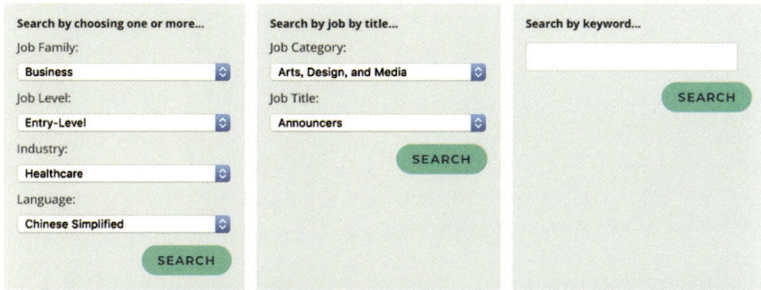

图 3-35　SHL 测评产品目录

四 从自适应到智适应：当计算机化自适应测验遇到人工智能

从前面的论述可以看到，计算机算法和信息论在测验领域最早成熟的应用之一就是计算机化自适应测验。然而，计算机化自适应测验主要为高利害考试（如美国大学入学考试、研究生入学考试）、重要的语言能力测验（如托福等）服务。这些考试均为终结性评价，用来对学生进行选拔或是定级，这在客观上造成了测验与学习的分离。

当前，人工智能技术飞速发展，特别是与统计科学有关的数据科学日新月异，给传统的心理测量技术带来了巨大的冲击。同时，教育、心理等领域的研究者和实践者也对测验局限于高利害考试的现状不满，希望测验能够进一步发展，满足各种需求。

在这一背景下，计算机化自适应测验一方面面临着巨大的挑战，另一方面也迎来了新的发展机遇和可能性。计算机化自适应测验慢慢脱离了传统领域，开始和其他领域交融，衍生出一些新的应用。最突出的特点是，计算机化自适应测验的思想、算法与工程等慢慢被其他更为庞大的体系（例如自适应学习系统）所吸收利用，成为其重要的组成部分。在本章，我们将从新领域（作业辅导系统）、新技术（游戏化测验）与新范式（理论与数据双驱动）三个角度探讨计算机化自适应测验在人工智能时代的发展趋势，描绘计算机化自适应测验在未来的发展方向和可能性。

一切为了学习：智能化测验的未来

从传统角度来看，测验的首要目标是对学生进行能力评估、排名，然后用于升学、分班等事务。随着时代的发展和技术的进步，测评领域的重大变化之一就是测验的功能已经不再仅仅局限于评估，而是直接为更高效的学习服务。其实，从上一章提到的一个重要的个性化学习引擎应用——认知诊断计算机化自适应测验的案例中可以看到，测验研究与应用已经发生了重大变化。随着现代信息技术的飞速发展，测验与学习之间的距离迅速缩短，甚至可以说，智能化测验已经成为智能化学习（自适应学习系统）生态中不可分割的一部分。在这个完整的学习生态环境中，测验特别是电子信息技术支持的智能化测验扮演着重要角色。它既是智能化学习生态中的独立一员，同时也发挥着对其他元素的支持性作用。本节将以麦格劳－希尔公司

(McGraw-Hill)的"连接"(Connect)平台为例，展示前面提及的各种测验技术如何在一个智能化课后作业助学系统中发挥出多元的作用，从而向大家展示智能化测验在定制式学习与作业领域中的一些新应用、新发展。

"连接"是一个电子化的作业与测验平台，是一个能够向学生提供作业、测验以及其他学习资源，使学生可以进行相关学习活动的电子管理系统。在每一门课程的页面上，学生可以看到一个媒体库，里面是课程学习内容的补充资源，包括案例、简介、短视频等等。

在"作业"一栏中，学生可以看到老师布置的作业。这一栏中包含了各种作业信息，包括作业是否开放（如果该项作业尚未到开放时间，则在页面上显示为锁定状态）、作业的开始与截止时间、分值、允许尝试的次数等。作业一旦开放，系统就可以向学生提供一些特色服务，帮助他们完成作业。学生也可以利用"日历"功能，对完成作业的进度进行规划和安排，以便安排和管理多门课程的作业完成计划，同时，这一功能也允许学生快速定位需要查找的作业。

在该系统中，"结果"板块会提供每一道作业的批改情况，以及详细的解答。而"洞悉"板块是系统中的深度分析部分，可以向访问者提供学生每门课程的进展情况和各种可视化的结果，具体信息包括学生历次考试的结果、学生各门学科的分数、使用平台的时间等等。

智能教材（Smartbook）是课程的智能化电子教材。利用自适应学习技术，系统能够根据学生的特定学习需求调整呈现的内容，从而使学习效率最大化。智能教材内容分为"阅读""练习""作业""充电""报告"五个部分。

在阅读阶段，学生会来到教师布置的阅读内容页面（见图4-1）。系统能够给人一种动态阅读体验，最重要的阅读目标已经被标为黄色。在阅读和练习的过程中，系统将学生已经掌握的部分变为绿色，学生没有掌握、还需要花更多时间学习的部分仍然被标为黄色高亮，不重要部分的颜色会自动变淡。这些设计有利于学生关注需要重点学习的部分，提高学习效率。

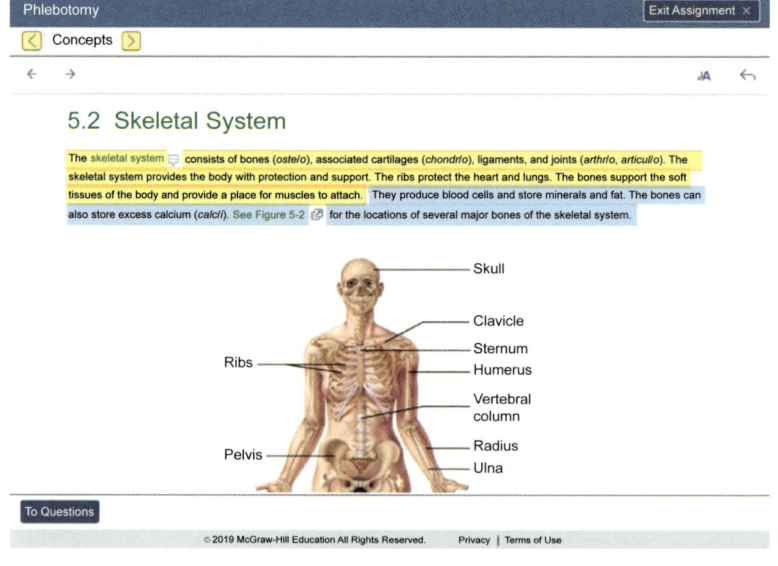

图4-1 阅读内容页面

在练习阶段，系统会根据阅读内容呈现问题，测查学生是否已经掌握该学习内容，特别是查找学生需要进一步加强的内容领域。这一过程会促进知识从短时记忆转化为

四 从自适应到智适应：当计算机化自适应测验遇到人工智能

长时记忆，促进深度学习的发生。学生阅读的时候，系统会自动判断学生进行练习的最佳时间。当练习时间到了，系统会在页面的左下角用蓝色显示相应的练习题。学生只要点击相应的按钮就可以针对已经阅读的材料进行练习。

进入"练习"界面之后，学生需要一次完成问题，同时回答自己作答的自信程度。诚实作答这些问题会更加有利于系统针对每个学生进行量体裁衣式的学习体验设计，提高学生的学习效率。

通过收集学生的作答情况，系统能够了解学生已经掌握哪些内容，还有哪些内容没有掌握。系统会自动调回"阅读"部分，让学生重新学习没有掌握的内容。

当学生持续"阅读"与"练习"时，系统会根据学生的掌握情况，动态调整课文材料的亮度与颜色，这样学生就能实时了解自己需要重点学习的内容。

完成学习之后，学生就会进入"作业"环节，完成教师布置的课后作业。作业提交之后，系统可以进行自动批改，判断学生的掌握情况，并把有关信息反馈到"阅读"和"练习"环节中去。

之后，系统还有一个"充电"（recharge）环节。这个环节是为了促进学生的深度学习。系统已经收集了学生的学习数据，包括已经学会的内容和没有牢固掌握的内容，以及已经做对的练习题和仍然存在疑问的练习题。在这些学习数据基础上，系统会判断学生有哪些需要"充电"的部分（包括需要重新阅读学习的教材、练习与作业），然后制定补习计划。在"充电"阶段，学生还可以重新完成一些作业，进行反复练习。

在"报告"部分，系统会详细分析学生的表现。这些分析至少包含了以下六个方面的内容。

（1）目前的学习情况：说明学生还有多少没有学习的内容，还有哪些内容需要复习才能掌握。

（2）知识点分数：寻找学生掌握得最不好的单元，从而确定在考试前最需要突击的部分。

（3）难题：呈现学生最常出错的问题，这样学生可以有针对性地训练自己最薄弱的环节。

（4）最具挑战性的学习目标：显示对学生来说最难达成的学习目标。

（5）学生自评：帮助学生了解自己对已经掌握的学习内容的判断是否正确。这一功能有助于促进学生自我反思。

（6）个性化知识树：展示每个学生的知识树的生成过程。

"连接"是一个智能化的课后辅助系统。它需要在学生完成正式的课堂学习之后为其提供一系列支持，包括复习、作业、补缺补差等等。计算机化自适应测验的自适应思想贯穿于这个系统的始终，有关的题库与算法技术也被用于系统中"练习"与"作业"部分。由于研究者把有关的心理与教育测量模型，特别是认知诊断模型应用在系统中，既提高了辅助系统的科学性，也丰富了学生的成绩报告内容，为学生提供了更加详尽的诊断信息。

游戏化测验：让测验更高级、更有趣

玩电子游戏是全年龄段人群最受欢迎的活动之一。《全球游戏市场报告》（Global Games Market Report）显示，全球有超过 25 亿名游戏玩家。近期的另一份报告分析了来自 9 个国家（法国、德国、印度、意大利、日本、新加坡、韩国、英国及美国）的 4500 名玩家（年龄在 18 岁及以上）对游戏相关问题的回答，这些玩家平均每周花费 7 小时 7 分钟来玩电子游戏。一项针对美国媒体使用情况的研究显示，67% 的年轻人（8 至 18 岁）平均每天花 73 分钟玩电子游戏，而每天阅读纸质材料的时间仅为 38 分钟。显示游戏受欢迎程度的另一个指标是，每年美国人花费在购买视频/游戏相关产品上的支出是 434 亿美元；而在全球范围内，人们在游戏上的支出约为 1500 亿美元。游戏已经成为人类社会行为的重要组成部分。根据中国互联网络信息中心发布的《中国互联网络发展状况统计报告》，截至 2019 年 6 月，中国网络游戏玩家达到 4.94 亿人。游戏用户年龄主要集中在 10 至 39 岁。

随着大数据时代的到来，由数据带来的革命在各个领域悄然兴起，这为心理学研究提供了新思路。相较于传统的行为测量方式，利用游戏编制的心理与教育测量任务形式生动有趣，更具情境化、互动性特点。因此，如何使用游戏得到丰富的数据并预测学生的知识、高级技能和人格特质状况在近些年来受到越来越多的关注。在本节，我们将以一个关于创造力的游戏测验为例，介绍游戏化测验的前沿发展情况，以及自适应思想对游戏化测验的启发。

几十年来，创造力一直是心理学家们感兴趣的研究内容。目前，创造力被认为是在复杂、互联的世界中取得成功所必需的技能之一。也就是说，我们生活在一个注重创造力的社会中，一个人的成功建立在其创造性思考和行动的能力之上。然而，现实情况是，虽然创造力的重要性已被普遍认可，但是当前的学校教育体系却不足以帮助年轻人做好准备，成为富有创造力的思考者和行动者。

当前关于创造力的研究一般认为，创造力可以通过创造过程的输出来判断，其特征是具有新颖性和相关性。此外，创造过程是多种因素的融合，包括性格特质、态度、认知能力、知识以及环境。同时，创造力可以从多个层面进行评估，如詹姆斯·考夫曼（James C. Kaufman）和罗纳德·贝格托（Ronald A. Beghetto）提出了创造力4C模型。因此，为了在电子游戏中评估人们的创造力，需要考虑电子游戏所提供的不同证据与创造力的各个方面的关系。下面的案例展示了在《物理游乐场》(*Physics Playground*)这款游戏中如何利用一种名为"隐形评估"（stealth assessment）的技术来测量创造力。

《物理游乐场》是一款电脑游戏，旨在评估和发展学生对物理学原理的概念性理解。在《物理游乐场》中，玩家用鼠标或手写笔在屏幕上绘制各种对象，绘制完成后，这些对象就能活动起来，并能与其他对象互动。通过玩《物理游乐场》，学生可以根据物理学定律提升对物理世界的运行方式和物理对象之间相互作用的概念性理解。

这个游戏与牛顿力学三大定律有关，涉及平衡、质量、重力以及能量和动量守恒等概念。游戏中，玩家需要使用简单的、类似于机械的设备将绿色的小球引导到屏幕上的红色气球处。这些设备包括坡道、杠杆、摆锤和跳板等等。面对《物理游乐场》中的大多数关卡，游戏玩家可以使用一种以上的介质，以多种方式通关。因此，《物理游乐场》使玩家能够发挥创造力并制作出有趣的机械设备来完成通关任务，甚至有些玩家的通关方式连游戏设计者都没能想到。此外，玩家通常会进行多次尝试，以找到"最佳"解决方案。

为了评估游戏中的这些创造性行为，研究者们确定了创造力能力模型中的三个变量——流畅性、灵活性和独创性，并确定了游戏中可为这些变量提供证据的可观察指标（即证据模型变量）。表 4-1 总结了《物理游乐场》中创造力的能力模型变量和证据模型变量（即指标）。

图 4-2 展示了如何利用上述变量评估《物理游乐场》玩家的创造力。图 4-2a 展示了名为"大水车"游戏的第一关。小球在重力作用下下落，落至屏幕之外，然后再度出现在初始位置。这种循环会持续到玩家进行绘制操作，使小球转向气球为止。《物理游乐场》玩家常规的解决方法包括在逆时针旋转的水车下方绘制斜坡以引导并推动小球（见图 4-2b）。任何偏离了图 4-2b 所示轨迹而又成功通关的尝试都可以为独创性提供证据，因为这可能是一种不常见、新颖的解决方案。而且，若不采取从水车下方引导的方

表 4-1 《物理游乐场》中创造力能力模型变量和证据模型变量

能力模型变量	证据模型变量
流畅性	在每个通关关卡中绘制媒介的数量
	在每个未通关关卡中绘制媒介的数量
	在每个通关关卡中绘制对象的数量
	在每个未通关关卡中绘制对象的数量
灵活性	在关卡中适用媒介使用的数量
	媒介使用频率间的标准差 [R]
	连续使用错误媒介 [R]
独创性	与预设通关方案中球运动轨迹的差异
	使用创新媒介来通关

注：R 表示反向编码（用于反面证据）。

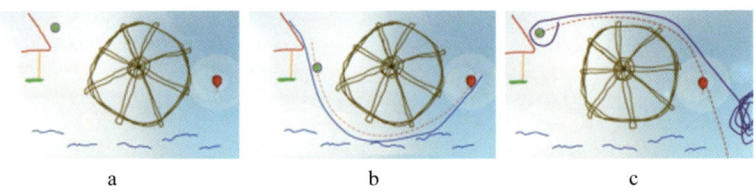

图 4-2 "大水车"关卡（a）以及两种可能的解决方案（b 和 c）

式，玩家只有很短的时间在原始位置接住小球并以其他方式将小球定向至气球位置。只有很少的玩家采用了类似于图 4-2c 的解决方案，引导小球在水车上方移动。在这种情况下，玩家创造了一个杠杆，将球困在了杠杆左侧的圆形区域内，在杠杆的右侧创造了重物，并将水车本身用作支点。配重的杠杆将小球拉低并引导至气球位置。这种解决方案为独创性提供了积极的证据。也就是说，此种解决方案中偏离了常规路径的小球轨迹（虚线所示），以及使用预期以外的介质（杠杆）为独创性提供了证据。

在游戏过程中，特定的指标会被自动识别并用于评分。例如，在《物理游乐场》中，游戏引擎会追踪玩家成功通关时小球的轨迹（用 x，y 坐标系表示）并在日志文件中保存为一系列矢量数据。将这些矢量数据与最常见的轨迹数据进行比较，其间巨大的差异就是独创性的证据。

以上的游戏化测验也被称为"隐形评估"。隐形评估可将评估的设计、开发和编制直接且无形地融入任何复杂的学习环境（尤其是电子游戏）中。在游戏过程中，玩家会产生一系列复杂的问题解决动作，而评估目标技能所需的证据正是在玩家与游戏的互动（即游戏活动过程）中产生的。

在这款游戏中，能力状态的推断体现在学习者的动态模型（以各种粒度实时显示）中，这与教育环境中活动通常只产生单一结果形成了对比。隐形评估可用于支持学习者学习并保持"心流"状态。"心流"被定义为进入最佳体验状态，即一个人专注于从事手头的活动，以至自我意识消失，失去时间感；并且，该人从事复杂的、目标导向的活动并非为了外部奖励，而仅仅是为了使自己兴奋。对学习者的知识、技能和其他特征进行实时诊断评估，可以使现有的数字学习环境（如一款教育游戏）适应玩家的需求。例如，根据学习者在游戏中的表现评估他们当前的能力，将游戏中的任务难度调整为适合学习者的水平。此外，基于有效的推论，提供及时和个性化的反馈，可以增强学习效果，尤其是可以支持那些有困难的学习者。在游戏中运用这种适应性时，可以使学习者保持"心流"状态，因为任务既不会太难、令人沮丧，也不会太容易、让人无聊。

　　总的来说，对创造力这样的复杂结构进行自动化的、实时的评估是很难实现的。通过隐形评估，研究者可以收集与构念理论上相关联的数据（指标），从而可能实现对各种理论假设的验证；可以实时以各种粒度（例如总体创造力或在某方面、某个水平上获得更多诊断信息）对学生的表现进行分析。相比之下，虽然数据驱动的方法（例如数据挖掘和机器学习技术）已被用于基于游戏的评估，但这些方法（例如聚类、分类、预测和模式跟踪）往往是自下而上和探索性的，因此缺少要评估的结构的理论基础。这两种方法在理解大量的学生表现数据方面都是有价值的，但适用于不同情况和不同目的。

　　游戏化测验也被逐步用于评估其他各种能力。例如，由丹·施瓦茨（Dan Schwartz）提出的基于选择的评估，采用简单且引人入胜的选择游戏（Choice-lets），构成了评估学生目标知识和技能的环境。学生选择的内容并不直接代表某个问题的答案，而是与他们应该学习的概念隐性关联。学生所做的选择会被记录在日志文件中，通过对这些日志数据进行分析，研究者得到对学生某些能力的评估结果。研究者们就曾在色彩混合的游戏中使用该方法来对被试的批判性思维进行评估。还有研究者借助《植物大战僵尸》游戏进行评估，通过收集被试在分析条件和限制、制定解决办法、有效利用资源和工具、监控和调整进程等四个方面表现的证据，预测个体问题解决能力。

　　在游戏化测验发展的早期，测验内容主要集中于个体知识和技能。游戏化测验的一个显著优点是,通过将考查点融入游戏,受测者能够在游戏过程中实际应用知识和技能,这是普通的纸笔测验所难以实现的。在数学、物理、医疗和建筑等领域中进行知识技能的应用能力评估时,游戏化测验是一种更为理想的选择。

随着游戏化测验的发展,研究者们的关注点和兴趣也逐渐拓展到对非认知能力的评估研究上。由于社会情感态度、人格特质等非认知能力较难测量,人们对它们的评估研究滞后于对认知能力的评估研究。近些年来,随着非认知能力在个体发展中的重要性逐渐展现,各类大型国际测验对社会情感态度等非认知能力领域也逐渐重视起来。游戏化测验由于在非认知能力测验中具有一些得天独厚的优势,慢慢被学术界、教育界所重视。使用传统心理测验方式对社会情感态度进行评估,存在易受社会赞许影响和缺乏过程数据等缺点,而游戏化测验则可以在很大程度上避免这些缺点。因此,越来越多的研究者开始借助游戏对个体的心理特质进行评估与研究。

一款叫作《参观动物园》(*Zoo U*)的游戏就可以用于评估儿童的社会情绪能力。游戏构造了类似于学校的故事世界与虚拟的角色,通过收集儿童在六个虚拟社交场景中对不同情境问题的选择情况,研究者可以分别评估个体在沟通、合作、同理心、情绪调节、冲动控制和社会活动六个方面的能力。游戏测验的结果得到了现实情况的印证,游戏得分更低的儿童表现出更多社交、行为和学业上的问题。

然而,目前游戏化测验大多采用基础的线性设计模式,游戏情境和内容一旦设定好，便对所有受测者都同样呈现。这种设计与传统的纸笔考试相同，不足在于测验时间较长、效率低下，且测验内容较为单一。类似于用自适应测验对传统纸笔测验进行改进，有研究者提出自适应的非线性游戏设计模式。非线性设计表现为能够根据对受测者当前能力的估计，为其选择相应难度水平的下一关游戏，这样可以丰富测验内容、提高测验效率。这种设计方式是计算机化自适应测验的自适应思想在游戏化测验中的体现，已经有一些游戏化测验应用了这种思想。例如，有研究者开发了一款用于消除儿童计算障碍的自适应游戏软件——《数字竞赛》(*The Number Race*)。这款软件通过评估儿童的计算能力基线并逐步给出适合儿童当前表现水平的题目，实现对儿童计算能力的训练，最终使儿童逐渐消除计算障碍。尽管此游戏的主要目的在于训练和纠正而非评估儿童的计算能力，但仍对游戏化测验的发展有一定启示。值得指出的是，这款游戏的一个主要开发设计者，是加州大学洛杉矶分校的威尔逊（Mark Wilson）教授。他是心理与教育测量领域的权威，计算机化自适应测验也是他的一个重要研究主题。这款游戏可以被看作他受到计算机化自适应测验的启发，进行自适应的游戏化测验与训练系统开发的成果之一。

纵观国内外，基于游戏的心理测验目前还处于起步阶段，而基于自适应思想的游戏化测验更是少之又少。可以预见的是，随着游戏化测验在心理测量领域的地位逐步提升，以及计算机技术与游戏技术的不断进步，游戏化测验有望在教育评价、心理测量和人力资源管理等多个领域发挥越来越重要的作用。

计算心理测量学的崛起

在大数据时代，以计算机化自适应测验为代表的智能化测验在各个方面都发生了演化迭代。测验已经从传统的学生排名工具变成助力学生学习的支架式工具；测验工具也从枯燥单一甚至有点让人恐怖的"考题"，变成了有趣的游戏。本节将介绍心理与教育测验的全新范式——计算心理测量学（computational psychometrics）。它是传统心理测量学与现代数据科学交叉结合的结晶，正在慢慢成长为心理测量学的一个全新分支。

在测验领域，有几种力量推动了计算心理测量学的迅速发展。第一个重大的变化是，进入 21 世纪以来，随着社会对人才的要求越来越全面，从对单方面的专业能力要求转向强调综合能力运用，心理与教育测量的内容也相应地转向对现实情境中综合能力的评估。例如，考察个体在面对复杂的、不确定的现实生活情境时，如何综合运用（跨）学科观念、思维模式、探究技能以及结构化的（跨）学科知识和技能。著名的国际学生评估项目(PISA)的问题解决题目便是很好的例子。

第二个重大变化与第一个变化息息相关。由于测量对象的变化，教育测试者不能再只是关注测验的作答结果数据（答对或答错），而应该更多地考虑学生作答过程中的数据，因为学生每一步的思考和对知识技能的具体运用都包含在这类数据中。这类数据被称为"过程数据"。

一般来说，过程数据由点击、按键、触摸、拖动等动作组成，可以从日志文件中提取出来。分析过程数据有多种方法，这些方法主要分为实质性分析和技术性分析两类。实质性分析包括评估以过程为导向的构造（例如解决策略）等，技术性分析包括验证数据质量、检测异常作答和提高测量精度等。从数据来源看，过程数据不仅可以从传统的测验形式（如选择题、填空题等）中获得，更加适宜从交互形式丰富的基于计算机和游戏的评估中获得。从形成性评估的角度来看，由于过程数据可以做到实时收集并实时反馈，教师可以在学生学习过程中就给予反馈而不是等到任务完成之后。这种方式缩短了测验和学习之间的距离，使二者相辅相成：以实时反馈支持学习，在过程中纠正学习者低效的处理策略、程序错误或误解。同时，从日志文件中得到的过程数据还可以直接反映学习者解决任务的具体步骤，例如是否采用了最优策略，是否在关键步骤上出现错误，等等，从而给出具体的改进建议。

对复杂技能的评估以及过程数据重要性的提升推动了计算心理测量学的诞生。本节将介绍计算心理测量学的发展过程、采用的新范式及其面临的挑战。

学习分析

在计算心理测量学出现以前，教育领域已经诞生了一个数据科学与教育学的交叉分支学科——学习分析学（learning analytics）。学习分析来源于学习科学，它从数字学习环境中的数据出发，通过机器学习技术，从数据中识别出隐藏的模式。这些模式再通过各种可视化手段在学习分析仪中呈现。之后，学生和教师对这些模式进行筛选和解释，并将其应用于对学习过程的反馈和指导中。

学习分析是完全的数据驱动型范式。它专注于对学习者及其上下文的数据进行测量、收集、分析和报告，以理解和优化学习及其环境。它是由分析学习者的数字足迹、探索学习的目标所驱动的，而不是一开始就成为一种全新的评估形式。因为学习分析并不像评估那样独立于学习者的正常行为之外，所以收集到的信息能够反映真实的、不间断的学习者行为。因此，学习分析更类似于收集观察数据，而不是通过如调查或评估等直接的方法进行侵入性数据收集。

学习分析是指依据在线追踪数据和学习者的数字资料对学习者的状态进行推理，并利用这些信息对学习过程产生积极影响。与心理测量中的阶段性反馈不同，学习分析的反馈具有实时性与连续性，它追踪学习者的实际行为，并将分析结果实时发送给学生或教师。因此，在理念上，它与形成性评价有着密切的联系。

学习分析相对于传统的心理测量有一个显著的优点，即心理测量大多基于已知的理论模型和行为模式，而学习分析可以通过对丰富的数字环境（传感器或摄像机）中收集到的更完整的学习者状态和表现的分析来揭示迄今为止未知的模式，进而对学习和学习行为提供传统学习科学和心理测量学无法提供的新见解。学习分析的这种模式识别功能使得新型的自动化学习监控成为可能，如针对某些学习者的行为进行识别，对其挂科或退学倾向做出机器预警。

虽然学习分析具有明显的优势，但该领域目前仍停留在较为泛化的干预上，并没有出现一种基于强理论驱动范式的设计方案。要想获得这种设计方案，研究者需要纳入更多关于学习环境的知识，如课程设计、学习者已有知识水平和有待开发的技能等。这就需要将心理测量学的思想范式融入其中，为学习分析提供更强大的支撑。

心理测量学

心理测量学从诞生以来就具有强烈的理论驱动色彩。心理测量学的最先进理念认为，"测量是一种推理过程——根据有关学生在测验情境中做了什么的有限证据，断言他们在现实世界中知道什么和能做什么"。为此，心理测量学家和学科专家通常设计高标准化的情境和任务，以引出期望的行为，作为目标构建的证据。心理测量学家和学科专家通过测量模型并综合多个测验项目获得的证据，推断目标构式中个体或群体之间的差异，即在知识、技能或其他属性上的差异。

心理测量学与学习分析学的根本区别之一在于研究学习行为和结果的起点不同。心理测量学通常采用自上而下的方法，即从理论到数据收集；而学习分析学则相反，采用自下而上的方法，即从调查数据开始，得出潜在的更高水平的结果。

心理测量学受到以证据为中心的设计（evidence-centered design，ECD）理念的强烈影响。以证据为中心的设计是罗伯特·密斯列维（Robert Mislevy）等人提出的设计和开发心理测验的框架。这种设计自上而下进行，概括来说，就是从理论、概念、潜在变量到特征指标，最后到外显的行为数据。首先从高水平解释出发，根据测验的目的确定需要测量的学习者的知识、技能和属性。由于知识、技能和属性等变量是无法通过直接观察得到的（称为潜在变量），因此我们需要通过识别和度量行为证据和性能指标（即低水平特征）来测量这些潜在变量。最后，需要收集外显的行为数据作为证据，为上一层的指标提供依据。为了获得这些数据，设计者需要设计能够引发被试做出预期响应行为的题目。题目的形式可以是简单的多项选择题以及基于复杂真实情境的模拟题。

以证据为中心的设计的优点是采用了理论驱动的方法，它从一个有目标的结构出发，对所需的任务和数据进行推理，确保从测验设计开始就考虑和收集有效的证据，从而对个人或群体做出适当的推断。而这些结构化的有效推断的不足在于设计过程非常耗时，并且在开展评估、收集数据时需要投入大量的资源。

数字学习环境可能包含按照以证据为中心的设计方法开发的标准化测验工具。例如，当用于终结性评估（如期末考试等）时，使用测验工具对知识、技能和能力进行测量，可得到评估认知学习的结果；而用于形成性评价时，可以作为学习过程中的反馈环节，根据测验结果给予反馈和帮助

（如分配适当的学习材料）。针对后一种情况，已经出现了为支持学习过程评估设计而提出的具体的概念框架。最近，一种扩展的以证据为中心的设计方法已被提出，该方法包括学习过程（如知识的改变）、学习支持（如指导帮助）、学习行为的评分以及学习结果的统计建模。

计算心理测量学的诞生与挑战

从上面的论述来看，心理测量学与学习分析学非常类似。实际上，心理测量学和学习分析学本质上是相通的，即二者有着相似的目标，但又存在着研究方法和理论上的区别。从背景上看，心理测量学中的评估需要在标准化测验情境中进行，而学习分析是在数字学习环境中进行的；从方法上看，心理测量学是通过观察到的有限证据来推断学生掌握了哪些知识与技能，而学习分析是对学生学习行为进行观察与总结，从而对其学习过程产生积极影响。迄今为止，心理测量学和学习分析学是各自作为独立的学科而平行发展的。

将心理测量学和学习分析学这两个领域结合起来，就会出现一种理论与数据双驱动的全新测评范式（见图4-3），即被心理测量界越来越多的研究者接受的"计算心理测量学"。计算心理测量学是一个跨学科的研究领域，它由基于理论的心理测量学方法和数据驱动的学习分析技术组成，使用包括在线学习环境数据、过程数据、认知和非认知评估数据以及生物特征数据在内的多模态数据源，用以研究与支持学习过程。

四 从自适应到智适应：当计算机化自适应测验遇到人工智能

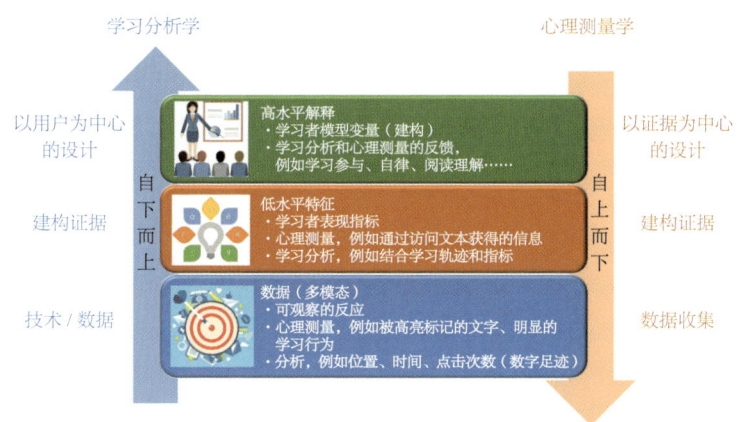

图 4-3 计算心理测量学的理论与数据双驱动范式

在计算心理测量学的发展过程中，仍然存在着许多问题和挑战。

挑战一：新的复杂构建。

传统评价涉及的要素主要是知识和技能等，相对单一，缺乏对包含多个维度的高阶技能或过程数据的复杂建构。当前，各类国际组织以及一些国家纷纷提出了发展学生面向21世纪的各类高级技能，我国的普通高中课程方案也提出了学科核心素养的概念，即学生学习该学科课程后应达成的正确价值观念、必备品格和关键能力，这些新的复杂技能成为教育测验的主要内容。

挑战二：新的测验工具。

传统的评价更多地是考查具体的知识点和技能，测验方式以纸笔测验或者计算机化自适应测验为主，这样的考查方法很难满足高阶技能评价的要求。高阶技能的评价，在项目设计上要以真实情境中具体的复杂任务为载体，考查学生高阶认知能力、情感态度、社交互动等高级复杂技能。近些年出现的游戏化测验、模拟化评价与虚拟现实／增强现实评价等新的评价形式，具有高度的真实性（authenticity）、情景化与趣味化的特点，符合高阶技能的评价要求。创新型真实评价工具如何在高阶技能评价中发挥应有的作用是一个国际性的新兴研究课题，只有少数研究成果散见于一些期刊与专著之中。

挑战三：新的数据及其存储格式。

一种新技术通常会带来新的数据格式。如何从信息环境下丰富且多元的大数据中提取与筛选出研究所需要的数据，将其转化成合理的格式并有效地保存起来，是计算心理测量学迫切需要解决的问题。如果没有数据的支撑，研究结果便不具有说服力。传统测验的作答数据形式单一，而新建构与新方法不仅仅关注终结性评价，更加关注过程性评价，突出特点是多维多层性，包含了微观、中观与宏观数据。新型评价的连续动态取向使数据形态更加复杂。传统的评价模型已经无法满足这种多维多层、动态变化数据的分析要求，必须借鉴大数据、学习分析与游戏分析中的方法，甚至需要实现多学科分析方法的整合，以满足新型评价数据分析的需求。此外，计算心理测量学中的数据还包括物理传感器产生的多模态数据以及机器学习产生的数据。这些新的数据，尤其是多模态数据中可能包含声音、图像等数据，传统的存储格式已无法满足数据存储要求。因此，有研究者提出了一种使用"数据立方体"来标记、收集和存储新型评估数据的方法。但是，这种新方法在实际应用时是否能够高效、合适地存储新格式的数据，仍然有待深入的研究和验证。此外，也有研究人员提出，可以采用大数据领域中已经较为成熟的非关系型数据库来存储这些数据。

挑战四：学习者属性的提取。

学习者属性涉及动机学习、元认知学习、认知学习、协作学习和精神运动等多种多样的学习领域，以及和这些领域对应的如学习投入、自我调节、处理多个文档、心肺复苏技能和演讲技巧等具体属性。如何将这些复杂的学习者属性从海量的观察数据中提取出来，是计算心理测量学面临的挑战之一。

一种构建过程指标的方式是数字痕迹构建。这种方法源于对学习者在数字化学习环境下交互过程中所经历的信息处理状态的定义，其理论基础是信息处理的认知模型或其他一些基本原理。通过对数字追踪（日志）数据进行经验性识别，可以实现对学习者状态的分析；通过结合学习分析和教育数据挖掘的方法，可以实现对追踪数据中识别（重复）模式的检测。一旦这些状态得到识别，便可以通过适当整合状态信息来获得过程性指标。

另一种构建方式是数据驱动构建，指的是对可用的追踪数据进行选择和组合，达到对标准化评估工具或某个校标结果最好的预测（如使用监督式机器学习方法）。数据驱动构建指标与标准化评估工具指标间的强相关性表明，追踪数据是一个合适的（非侵入性的）计算评估选择。这种来自数据科学的分析方法已经被成功地应用于学习分析中。

研究者通过考察111256名学生在151门课程中的活动，发现学习设计选择显著地预测了学生的线上学习行为和表现，证明了学习设计可以显著地影响学习者的参与度和学术成果。其他案例来自对性格的心理学研究，例如通过数据驱动的方法，研究者得出了社交媒体中"点赞"行为反映了人格特质和智力特质的结论，而社交媒体中文字简讯的语言特征被证明是大五人格维度的有效指标。我们期望，在未来的几年里，能将类似的计算心理测量学的成果拓展到其他领域。

挑战五：提取指标的有效性验证。

无论指标是如何构建的，研究者都需要对这些指标的解释方式加以验证，以确保在诸如学习者的参与水平这类问题上得到的推论是合理的。因此，需要进行更多研究来探索提取指标的有效性。

在理论驱动指标（过程指标）构建的情况下，研究者通过研究从数字痕迹中提取的指标与其他变量（个人或情景层面）的假设关系，采集有关有效性的证据。在个人层面，还可以进行其他的测量，例如利用现有成熟的标准化测量工具采集一些核心变量，或者采集可以用来解释学生某些特征的环境影响因素。这些变量之间的强相关是支持这些假设关系的效度证据，能证明追踪数字痕迹是一种合适的（非侵入性）评估方法。

在数据驱动指标构建（学习分析指标）的情况下，需要采用交叉验证方法来评估在构建预测模型时未包含的数据的预测性能（如使用重新采样技术评估模型的准确性）。在模型构建阶段，尤其要避免过度拟合的问题，即预测模型在训练数据中学习了过多的细节甚至干扰信息，以致在应用于新数据时反而表现不佳。

挑战六：有效的反馈。

在传统教学中，教师需要在学习者完成评估任务后对其表现给予反馈，最典型的反馈方式就是考试。在考试结束后，教师可以通过返还批改后的试卷或者讲评学生做错的题目给予适当的反馈，让学生明白自己的不足并进行改正与提高。然而，不一定所有的反馈都能带来积极有效的影响，所以我们需要研究基于学习分析和过程指标的反馈以及它是如何影响学习者的学习行为表现的。

在未来的研究中，除了进行相关性研究，研究者还应该进行对照实验：实验组接受反馈，对照组不接受或接受有限的反馈，以证实基于有效的学习分析和过程指标的反馈是否能积极影响学生在数字学习环境中的学习过程。

随着数字化教育的发展，心理测量学和学习分析学不再各自独立发展，而是逐渐交叉融合，产生了计算心理测量学这个全新的研究领域。在未来几年，计算心理测量学极有可能成为心理测量领域的研究热点。这是大数据时代向心理与教育测量领域提出的新挑战，也是给予这个领域的最好馈赠！